# Konstantin der Große

dargestellt von Bruno Bleckmann

Rowohlt

**rowohlts monographien begründet von Kurt Kusenberg
herausgegeben von Wolfgang Müller und Uwe Naumann**

Redaktionsassistenz: Katrin Finkemeier
Umschlaggestaltung: Walter Hellmann
Vorderseite: Konstantin I., der Große. Kopf einer Kolossalstatue
aus der Konstantinsbasilika, 315 n. Chr. (?)
(Archiv für Kunst und Geschichte, Berlin)
Rückseite: Piero della Francesca:
Die Schlacht an der Milvischen Brücke.
Fresko in San Francesco, Arezzo, um 1455.
Detail mit Kaiser Konstantin,
in seiner Hand das Kreuz (Scala, Florenz)
Frontispiz: Konstantin spricht zu seinen Soldaten.
Rückseite eines in Ticinum (Pavia)
um 315 geprägten Silbermedaillons.
München, Staatliche Münzsammlung

Originalausgabe
Veröffentlicht im Rowohlt Taschenbuch Verlag GmbH,
Reinbek bei Hamburg, Juli 1996
Copyright © 1996 by Rowohlt Taschenbuch Verlag GmbH,
Reinbek bei Hamburg
Alle Rechte an dieser Ausgabe vorbehalten
Satz Times PostScript Linotype Library, QuarkXPress 3.31
Gesamtherstellung Clausen & Bosse, Leck
Printed in Germany
1290-ISBN 3 499 50556 8

# Inhalt

Einleitung  7
Die Tetrarchie und ihr Zerfall  23
Die Religionspolitik nach 312  58
Triumph und Krise  79
Die Religionspolitik nach 324  97
Innenpolitische Reformen und außenpolitische Erfolge  109

Stammtafel  134/135
Anmerkungen  137
Zeittafel  141
Zeugnisse  143
Bibliographie  147
Namenregister  154
Über den Autor  157
Quellennachweis der Abbildungen  158

Die konstantinische Schenkung: Kaiser Konstantin überreicht Papst Silvester das Phrygium als Zeichen der weltlichen Hoheit über den Kirchenstaat. Fresko, 1246; Rom, Quattro Coronati, Oratorio di S. Silvestro

# Einleitung

«Die alten Leiden waren vergessen, und begraben war jede Erinnerung an Gottlosigkeit. Man freute sich der gegenwärtigen Güter und harrte dazu der künftigen.»[1] Nach dem Sieg Konstantins über Licinius hatten die Christen des Ostens, die eben noch Verfolgung und Bedrohung erlebt hatten und nun eine Politik bejubeln konnten, von der sie begünstigt wurden, zu Recht das Gefühl, Zeugen einer großen Wende zu sein. Zwar konnte 324 noch niemand auf die konstantinische Propaganda bauen, die eine ewige Dauer des neuen glücklichen Zeitalters verkündete. Aber die weitere Entwicklung sollte dem Optimismus der kaiserlichen Verlautbarungen und den von den Christen gehegten Erwartungen recht geben. Die Regierung Kaiser Julians des «Abtrünnigen» (361–363), der die durch Entscheidungen seines Onkels Konstantin eingeleitete Christianisierung des römischen Staats wieder rückgängig machen wollte, blieb nur ein kurzes Zwischenspiel. Von 363 an herrschten ausschließlich christliche Kaiser. Damit war die Voraussetzung dafür geschaffen, daß das Erlebnis einer Zeitenwende nach dem Ende der Christenverfolgungen sich mehr und mehr zu einer epochalen Größe im heilsgeschichtlichen Schema verfestigen und Konstantin im christlichen Geschichtsbild den Platz des durch göttliche Wunder geleiteten Gründungsvaters der christlichen Monarchie einnehmen konnte.

In Grundzügen hat schon der Zeitgenosse Euseb in seiner bald nach dem Tod des Kaisers entstandenen und nicht mehr vollendeten «Vita Constantini» dieses Bild des heiligen Kaisers entworfen. Die dem Stilempfinden klassischer Historiographie diametral entgegengesetzte Berücksichtigung von Urkunden im Wortlaut, die bereits die Struktur der Kirchengeschichte Eusebs prägt, macht den hohen dokumentarischen Wert dieser Schrift aus. Aber in der rahmenden Erzählung hat Euseb das christliche Verhalten des Kaisers bewußt überzeichnet, um den Söhnen des Kaisers ein Regierungsprogramm im Sinne seiner bischöflichen Interessen an die Hand zu geben. Diesen christlichen Fürstenspiegel haben Schriftsteller wie Gelasios von Caesarea, Sokrates oder Sozomenos, die die schon mit dem Jahr 324 endende Kirchengeschichte Eusebs fortgesetzt und dabei direkt oder indirekt auch auf den von Euseb im «Leben

Konstantins» gebotenen Stoff zurückgegriffen haben, für einen Bericht über die historische Realität gehalten und im einzelnen Züge hinzugefügt, die das Bild des mustergültig christlichen Kaisers abrunden oder variieren.

Um ganz andere Nuancen zu erfahren, muß man auf die Kirchengeschichte des Kappadokiers Philostorg zurückgreifen, der der verfolgten Gruppe der Eunomianer, das heißt der radikalen Arianer, angehörte und der ein negatives, zum Teil aus heidnischen Quellen schöpfendes Porträt des ersten christlichen Kaisers geboten hat, in dem Morde und erotische Skandale in der kaiserlichen Familie eine herausragende Rolle spielen. Diese häretische, aber interessante Kirchengeschichte wurde im orthodoxen Byzanz gerne gelesen, und so ist sie nicht nur durch eine Zusammenfassung des Patriarchen Photios bekannt geworden, sondern ihr Material ist in entschärfter Form auch in die hagiographische Literatur, etwa in eine anonyme Vita Konstantins oder in die einem Johannes Rhodios zugeschriebene «Passion des heiligen Artemius» eingegangen. Selbst in der anscheinend so frommen und auch im Abendland verbreiteten Le-

Die Vision Konstantins.
Bronzerelief von Andrea Riccio, 16. Jahrhundert; Venedig,
Soprintendenza per i Beni Artistici e Storici

Konstantin und Helena mit dem Heiligen Kreuz. Fresko aus einer Höhlenkirche in Göreme, Kappadokien. Um 1070

gende, der Kaiser Constantius habe erst nach einer Suchaktion im Kind der Schankwirtin Helena, der er vor Jahren als Offizier auf der Durchreise begegnet war, seinen eigenen Sohn und Thronfolger erkannt, hat diese konstantinfeindliche Tradition ihre Spur hinterlassen. Denn der Kern dieser Legende läßt den großen Kaiser als Frucht einer Verbindung erscheinen, die man als Gelegenheitsprostitution bezeichnen muß. Wenn freilich solche Anwürfe in eine märchenhafte Heiligenerzählung einmünden konnten, dann zeigt dies besonders deutlich, daß der mit Euseb einsetzende Verfestigungsprozeß zum hieratischen Bild vom «apostelgleichen» und «allerchristlichsten» Kaiser nicht ernsthaft aufzuhalten war. Teils fromme Phantasie, teils kirchenpolitisches Interesse sorgten dafür, daß immer mehr erbauliche Einzelheiten die historische Gestalt des Kaisers umrankten. Die Legende von der Auffindung des Heiligen Kreuzes durch die heilige Helena ist anscheinend bereits in den letzten Jahren der Regierung Konstantins im Pilgerbetrieb Jerusalems entstanden und wurde weiter ausgebaut, als es darum ging, die Ansprüche des lokalen Bischofs gegen den Metropoliten von Caesarea zu untermauern. Römischen

Ursprungs ist die Silvesterlegende, die die konstantinische Wende als Werk der Kirche Roms erscheinen lassen sollte. Sie erzählt, Konstantin habe zunächst die Christen verfolgt, später aber durch die vom römischen Papst Silvester gespendete Taufe Heilung vom Aussatz gefunden und von da an Gesetze zugunsten der Christen erlassen. Im besonderen Maße regte natürlich die zuerst von Euseb beschriebene Vision Konstantins zu Variationen und Ausschmückungen an. Eine Tradition berichtet gleich von drei Visionen Konstantins, nämlich in Rom, in Byzanz und an der Donau. In einer anderen, besonders kuriosen Variante ist davon die Rede, wie eine himmlische Gestalt Konstantin nachts an den Nasenlöchern berührt und dieser am nächsten Tag das Kreuz als blutigen Abdruck in seinem Taschentuch oder in seinem Kopfkissen erblickt. In diesem Gestrüpp legendarischer Überwucherung wurde Konstantin zu einer überragenden mythischen Figur, dem die Byzantiner den Beinamen «Megas», «der Große», gegeben haben. Als einer der wichtigsten Heiligen der orthodoxen Kirche wird er bis heute in einem festen Ikonenschema gemeinsam mit seiner Mutter Helena und dem wiedergefundenen «Wahren Kreuz» dargestellt. Die östlichen Kirchen feiern sein Fest am 21. Mai.

Im Westen wurde das im Osten entwickelte Bild vom christlichen Modellkaiser unter anderem durch die gelehrte «Historia tripartita» des Cassiodor und seines Schülers Epiphanius bekannt gemacht, eine lateinische Bearbeitung der Kompilation des Theodoros Anagnostes, in der die Kirchengeschichten des Sokrates, des Sozomenos und des Theodoret verwertet waren. Allerdings gelang Konstantin im Unterschied zu seiner Mutter nicht der Aufstieg zu einem anerkannten Heiligen der westlichen Kirche. Denn man konnte nicht völlig übersehen, daß der Kirchenvater Hieronymus in einer kurzen Notiz seiner Chronik den Kaiser wegen seiner angeblichen Zuwendung zur arianischen Ketzerei scharf getadelt hatte: «Am Ende seines Lebens wurde Konstantin von Euseb, dem Bischof von Nicomedia, getauft und fiel zur arianischen Glaubenslehre ab. Von da an folgten bis zur gegenwärtigen Zeit Raub an den Kirchen und Zwietracht des gesamten Weltkreises.»[2] Im Hochmittelalter geriet dann Konstantin in der Hauptsache deshalb in das Kreuzfeuer der Kritik, weil der Anspruch des Papstes auf weltlichen Besitz mit einer frommen Stiftung des angeblich von Silvester getauften Kaisers begründet wurde. Im Streit zwischen den Universalmächten Kaiser und Papst, zwischen Ghibellinen und Guelfen denunzierten die Verteidiger der kaiserlichen Sache wie Otto von Freising, Walther von der Vogelweide oder Dante immer wieder die (erst in der Renaissance von Lorenzo Valla als Fälschung entlarvte) «konstantinische Schenkung» als verderbliche Maßnahme. Aber das landläufige, über das Mittelalter hinweg bewahrte christliche Geschichtsbild konnte durch diese insgesamt doch eher vereinzelt geäußerte Kritik nicht ernsthaft erschüttert werden. In der frühen Neuzeit erhielt die in Konstantin präfigurierte Verbindung von Kirche und christlichem

Monarchen sogar neue Aktualität, etwa im Landesfürstentum lutherischer Prägung oder in der gallikanischen Kirche des Sonnenkönigs.

Wie die «Heiden»*, die alles andere als eine einheitliche religiöse Gruppe waren, zu Lebzeiten des Kaisers auf das neue Verhältnis zwischen Christen und römischem Staat reagiert haben, ist so gut wie unbekannt. Man kann ohne große Phantasie annehmen, daß Heiden, die im Besitz von Immobilien verfolgter Christen waren und diese nun auf kaiserlichen Befehl zurückgeben mußten, von der religionspolitischen Wende kaum erfreut waren. Von einer deutlich artikulierten und breiteren kritischen Strömung erfährt man allerdings nur für Rom, wo einem späten Autor zufolge im Jahr 326 die demonstrative Weigerung Konstantins, an traditionellen Riten teilzunehmen, auf massive Proteste gestoßen sein soll. Selbst Jahrzehnte nach dem Tode Konstantins wurde Kritik an der Religionspolitik des Kaisers von heidnischer Seite allenfalls verhalten geäußert, und Julian, der seinen Onkel in einer Streitschrift als «Erneuerer und Verwirrer altehrwürdiger Gesetze und der von alters her übernommenen Sitten»[3] angeprangert hatte, fand weder für seine Anklagen noch für sein Restaurationsprogramm begeisterte Zustimmung. Viele Heiden bevorzugten es, die Veränderungen einfach zu ignorieren, wie etwa der Historiker Eutrop, der am Hofe des Kaisers Valens (364–378) einen Kurzabriß der römischen Geschichte verfaßte und es nicht einmal für nötig hielt, darauf hinzuweisen, daß Konstantin sich dem Christentum zugewandt hatte. Erst als nach dem Scheitern Julians und nach einer toleranten Phase unter Valentinian I. (364–375) die Kaiser Gratian (375–383) und Theodosius I. (379–395) immer restriktivere Maßnahmen gegen die heidnischen Kulte verfügten und der von Konstantin eingeschlagene Weg endgültig als irreversibel erschien, reizte dies eine kleine, aber durch ihre intellektuellen Möglichkeiten nicht einflußlose heidnische Elite, die aggressiven Töne Julians wiederaufzunehmen und das optimistische christliche Geschichtsbild in sein Gegenteil zu verkehren. Die Katastrophen, von denen das römische Reich in der Völkerwanderung heimgesucht wurde, wurden als Ergebnis eines Dekadenzprozesses gedeutet, für den angeblich Konstantin verantwortlich war. Durch seinen Übertritt zum Christentum habe er die traditionellen Götter, die bisher angeblich das Überleben Roms garantiert hatten, vernachlässigt, ferner habe er die ehrwürdige Reichshauptstadt Rom im Stich gelassen und die Politik der militärischen Stärke gegen die an den Reichsgrenzen lauernden Barbaren in verräterischer Weise aufgegeben. Das Werk des Eunap

---

\* Der gemeinsame Nenner der heterogenen traditionellen Kulte bestand allein in der Opposition zur exklusiven christlichen Religion, die ein Arrangement mit der alten Götterwelt ablehnte. Die Forschung muß zur Benennung von Nichtchristen und Nichtjuden auf den fremdbestimmten Begriff «Heiden» zurückgreifen.

von Sardes, der dieses antichristliche Geschichtsbild in breiten Zügen entwickelt hat, ist zwar nur noch in Fragmenten erhalten. Daß man die antichristliche Geschichtsdeutung des ausgehenden vierten und beginnenden fünften Jahrhunderts aber noch gut nachvollziehen kann, ist vor allem dem um 500 schreibenden Zosimos zu verdanken. Dieser aus dem Dienst geschiedene Beamte der kaiserlichen Finanzverwaltung hing noch – zwei Jahrhunderte nach der konstantinischen Wende! – wie viele seiner Kollegen dem traditionellen «hellenischen» Glauben an und unternahm es, seinen Standpunkt durch ein Geschichtswerk zu untermauern, dessen Inhalt er in großen Teilen Eunap entlehnte. Weil die «Neue Geschichte» des Zosimos als Abriß der Geschichte von zwei Jahrhunderten praktische Qualitäten hatte und in einer gut lesbaren Sprache geschrieben war, konnte sie die christliche Zensur überleben, auch wenn der Patriarch Photios vor dem bedenklichen Inhalt warnte. Als die einzige erhalten gebliebene Handschrift des Zosimos nach Rom gelangt war und dort allmählich ihr brisanter Inhalt bekannt wurde, verfügte Kardinal Sirleto, die Schrift in den Giftschrank der vatikanischen Bibliothek zu verbannen, und Pius V. verbot die Lektüre des verderblichen Werks. Aber man hatte schon Abschriften hergestellt, und so konnte 1578 der Westfale Johannes Leunclavius zum erstenmal eine lateinische Übersetzung des Werks herausgeben. Wie begründet die päpstlichen Befürchtungen waren, zeigt sich darin, daß Leunclavius in seiner «Apologie des Zosimos», die er der Übersetzung beifügte, bereits das fromme, auf Euseb zurückgehende Konstantinbild mit dem Hinweis auf Zosimos in Frage stellte und daß später die Aufklärung dankbar das bei Zosimos skizzierte Dekadenzschema für ihren argumentativen Kampf gegen die Kirche und das von ihr geprägte Geschichtsbild übernehmen konnte. In den polemischen Zeilen seines «Dictionnaire philosophique» hat dabei Voltaire Konstantin vor allem als einen politisch nicht unbegabten Kriminellen beschrieben. Dagegen entwickelte Edward Gibbon, der sich auf das Material der monumentalen Kaiser- und Kirchengeschichte von Lenain de Tillemont stützte, trotz seiner kritischen Haltung ein sehr viel differenzierteres Bild. Denn er würdigte den Umbau des römischen Reichs durch «eine neue Hauptstadt, eine neue Politik, eine neue Religion»[4] als bedeutende, wenn auch in ihren Ergebnissen fatale staatsmännische Leistung. Gibbon löste sich damit aus der antichristlichen Interpretation der konstantinischen Wende und leitete zu einer dritten Lesart über, der historistischen Deutung, derzufolge Konstantin «mit klarem Bewußtsein seine weltgeschichtliche Aufgabe, das aus den Fugen gegangene römische Reich für kommende Jahrhunderte neu zu begründen»[5], erfaßt habe. In dieser Perspektive, die bis heute die Handbuchliteratur beeinflußt, erscheint Konstantin als ein Architekt, der das Werk vollendet, das sein religionspolitisch ganz anders orientierter Vorgänger Diokletian eingeleitet hat, nämlich die Umgestaltung des in seiner Existenz bedrohten römischen Reichs.

Die lange Tradition der Geschichtsbilder, in denen Konstantin bald als Rettergestalt, bald als Initiator historischer Sündenfälle, bald als Instrument des Weltgeistes gesehen worden ist, verstellt den Blick auf den Menschen. Schon deshalb hat jeder Versuch, eine anscheinend so persönliche Entscheidung wie die Hinwendung zum Christentum aus inneren Motiven des Kaisers erklären zu wollen, kaum Aussicht auf größeren Erfolg. Ein großer Teil des Quellenmaterials ist bereits von tendenziöser Traditionsbildung geprägt, und selbst die unmittelbar aus der Zeit Konstantins stammenden Zeugnisse tragen zu einem Psychogramm das wenigste bei. Zu diesen Zeugnissen gehören neben den Schriften der Zeitgenossen Laktanz und Euseb, die Konstantin als in jeder Hinsicht vollkommenen Verteidiger der christlichen Sache zeichnen, vor allem fünf lateinische Lobreden, die zwischen 307 und 321 zu Ehren Konstantins gehalten wurden. Diese Reden aus der Sammlung der «Panegyrici latini» erlauben es, in ausgesprochen detaillierter Weise aktuelle Themen der konstantinischen Propaganda zu verfolgen, die teilweise auch durch andere offizielle Dokumente wie Inschriften, Münzen oder Bilddarstellungen belegt werden. Sie lassen ferner die von interessierter Seite formulierten Erwartungen erkennen, die an den Kaiser herangetragen wurden und auf die er zu reagieren hatte. Über die Persönlichkeit des Kaisers verraten sie ungefähr soviel wie Wahlplakate über den wirklichen Charakter eines Politikers. Auch die zahlreichen Selbstzeugnisse – vor allem die eingelegten Dokumente in den kirchenhistorischen Werken, ferner die Dokumente in der «Appendix Optati» und eine Rede, die Konstantin vielleicht 317, mit größerer Wahrscheinlichkeit aber nach 325 an «die Versammlung der Heiligen» gehalten hat – taugen nur bedingt als Bausteine für ein authentisches Porträt. Sie verraten zwar bestimmte, oft wiederholte Grundüberzeugungen des Kaisers, etwa zur «Theologie des Sieges». Aber sie sind im Sinne der aktuellen Propaganda stilisiert, und im Einzelfall ist der Anteil kaum festzustellen, den der Kaiser selbst an der Konzeption oder Formulierung eines Schreibens genommen hat. Ihr mitunter ermüdender rhetorischer Aufwand verdeckt den Persönlichkeitskern des Kaisers so sehr, daß ein Gelehrter ihnen entnommen hat, Konstantin sei ein «armer Mensch, der suchend tastete»[6], gewesen, während ein anderer genau zur konträren Interpretation gelangt ist: «Dieser Mann ist aus einem Guß, wußte von Anfang an, was er wollte, und besaß die Kraft, es auch zu erreichen.»[7]

Die meisten Quellen tragen ferner schon deshalb kaum zur richtigen Einschätzung innerer Motive bei, weil sie fast immer den Kaiser im luftleeren Raum agieren lassen und den irreführenden Eindruck erwecken, er habe in einsamer Erhabenheit seine Politik durchgesetzt. Die Frage nach der Abhängigkeit des Kaisers von seiner Umgebung wird allenfalls in flüchtigen Bemerkungen über negative Aspekte seiner Regierung gestreift, wenn etwa in einer späten Quelle darauf hingewiesen wird, der alte Konstantin sei «wegen seiner maßlos verschwenderischen Ausgaben ein unmündiges Kind»[8] genannt worden, oder wenn ein anderer Autor bemerkt, die Regierung Konstantins wäre perfekt gewesen, «wenn er nicht wenig Würdigen den Zugang zu öffentlichen Angelegenheiten erlaubt hätte»[9]. Wie sehr eine genauere Kenntnis des Milieus, in dem der Kaiser lebte, die Beurteilung Konstantins beeinflussen würde, zeigt sich bei seinem Sohn Constantius. Dieser verdankte es nicht zuletzt der detaillierten Negativcharakterisierung seiner Umgebung durch den spätrömischen Historiker Ammianus Marcellinus, daß er als ein eher schwacher Herrscher gilt. Zweifellos würden aber auch ausführlichere Schilderungen der Beziehungen zwischen Konstantin und der Personen in seinem Umfeld nicht grundsätzlich die Bedeutung des Kaisers in Frage stellen können. Eine schwache, wenig charismatische Persönlichkeit hätte nicht einen solchen Eindruck auf seine Soldaten gemacht, daß noch Jahrzehnte später die Erinnerung an Konstantin für die Soldaten im Illyricum genügte, um von ihrem eigenen Kaiserkandidaten Vetranio zum Sohne Konstantins überzuwechseln. Aber es würde sich doch der Eindruck der überragenden titanischen und revolutionären Gestalt relativieren, und Kaiser und Lebenswerk würden etwas mehr dem Normalmaß seiner Vorgänger und seiner Nachfolger angeglichen werden. Der Verlust der Bücher Ammians, die die Zeit Konstantins behandelten, kann durch ein unter dem Namen «Origo Constantini» oder «Anonymus Valesianus» bekanntes, vermutlich aus einem größeren Zusammenhang herausgerissenes und mit zusätzlichen Notizen versehenes Fragment kaum wettgemacht werden. Denn die qualitätvolle Erzählung dieses Fragments bleibt vor allem auf den politisch-militärischen Verlauf der Auseinandersetzungen zwischen Konstantin und Licinius beschränkt.

Offiziershelm aus Eisen, mit vergoldetem Silberblech überzogen, gefunden in Augsburg-Pfersee.
4. Jahrhundert; Nürnberg, Germanisches Nationalmuseum

Goldener Treuering eines Gefolgsmanns Konstantins, gefunden in Augsburg. Die Inschrift auf dem Ring lautet: «Treue dem Konstantin». München, Staatliche Antikensammlung

Bei einigen Schwankungen der Religionspolitik des Kaisers ahnt man mitunter ein wenig von den erbitterten Intrigen, die die kaiserlichen Entscheidungen begleiteten oder beeinflußten. Daß auch den strategischen Entscheidungen des Kaisers heftige Diskussionen im Rat seiner Offiziere vorangingen, verrät das von einem zeitgenössischen Redner ausgesprochene Lob, Konstantin habe den Angriff auf Maxentius durchgesetzt, «als fast alle Angehörigen deines persönlichen Stabs und Kommandeure nicht nur stillschweigend murrten, sondern sogar offen ihre Furcht aussprachen»[10]. In der Regel dürfte der Kaiser allerdings die Übereinstimmung mit seinen Offizieren gesucht haben. Von ihnen sind sehr wenige namentlich bekannt, allen voran natürlich die auffälligen Gestalten barbarischer Herkunft wie der Franke Bonitus oder der Alamannenkönig Chrocus, der bei der Erhebung Konstantins eine herausragende Rolle gespielt haben soll.

Für die zivile Umgebung des Kaisers kann zwar in Grundzügen beschrieben werden, wie Hof und bürokratische Zentrale organisiert waren, ohne daß aber damit viel über persönliche Beziehungen zu Hofangehörigen, etwa zu den vor allem als Kammerdiener tätigen Eunuchen, ausgesagt werden kann. Vom Kaiser Licinius berichtet die «Epitome de Caesaribus», daß er – in Abwehrreaktion gegen die bereits eingetretenen Entwicklungen – «ein harter Bändiger der Eunuchen und allen Hofpersonals war und sie Motten und Spitzmäuse des Palastes nannte»[11]. Hier geht es wohl vor allem darum, Licinius in positiver Weise von seinem Kollegen Konstantin abzuheben. Der konstantinfeindlichen Tradition zufolge, der die «Epitome de Caesaribus» zuzurechnen ist, soll Konstantin nämlich gegen Ende seiner Regierung zu einem orientalischen Despoten entartet sein, und zu diesem Negativbild paßt eine von den Eunuchen geprägte kaiserliche Umgebung. So wirken etwa im Bericht des Philostorg Eunuchen an der Ermordung der Ehefrau Konstantins mit. Anders als für seinen Sohn Constantius, der angeblich von seinem Oberkämmerer, dem Eunuchen Eusebius, beherrscht wurde, sind aber für Konstantin keine historischen Vertreter dieses von der spätantiken Öffentlichkeit gehaßten Personenstands bekannt. Nur die Legende berichtet vom heiligen Eunuchen Euphratas, der entscheidenden Einfluß auf die Gründung des christlichen Konstantinopel gehabt haben soll.

Zur engsten Umgebung des Kaisers gehörte natürlich die Familie, und auch hier können aufgrund der Quellenlage nur grobe Umrisse skizziert werden. Konstantin war der Sohn des Offiziers und späteren Kaisers Constantius (293–306) und der Helena. Je nach Tendenz der Quelle wird diese Verbindung das eine Mal als reguläre Ehe, das andere Mal als Konkubinat dargestellt. Vermutlich handelte es sich um eine langjährige Lebensgemeinschaft, die unter Soldaten durchaus als eheähnliches Verhältnis galt. Zum sozialen Status der Helena erfährt man vom Anonymus Valesianus, sie sei von «sehr niedriger»[12] Herkunft gewesen, und der Bischof Ambrosius nennt sie eine «Stallwirtin»[13], das heißt eine einfache Gastwirtin, die auf den Poststationen den Pferdewechsel besorgte und die Reisenden beherbergte. Weil Konstantin später die bithynische Stadt Drepanon zu Ehren seiner Mutter in Helenopolis umbenannte, hat man vermutet, dies sei ihr Geburtsort gewesen. Doch ist die Umbenennung schon hinreichend damit erklärt, daß die Mutter Konstantins Lukian von Antiochia eine besonders starke Verehrung entgegenbrachte, der in Nicomedia 312 den Märtyrertod erlitten hatte und in Drepanon bestattet worden war. Wie der Vater Konstantins stammte damit wohl auch seine Mutter aus dem lateinischsprachigen illyrischen Raum, und zwar mit großer Wahrscheinlichkeit aus der Nähe von Naissus (Niš), wo Konstan-

Die Kaiserin Helena. Vorderseite einer um 324 in Trier geprägten Bronzemünze (Nummus). München, Staatliche Münzsammlung

tin vermutlich um 275 geboren wurde. Erst lange nach Konstantins Geburt trennte sich Constantius von Helena, um Theodora, die Tochter (oder adoptierte Stieftochter) des Kaisers Maximian (285–305), zu heiraten. Über Jahre in der Bedeutungslosigkeit lebend, gewann Helena erst als Greisin unter ihrem Sohn Konstantin einigen Einfluß und scheint neben ihrem Engagement für den Kirchenbau vor allem die Fäden der Familienpolitik gezogen zu haben.

Aus der Ehe des Constantius mit Theodora gingen sechs Kinder hervor. Von den drei Halbschwestern Konstantins heiratete Anastasia den später vorübergehend zum Unterkaiser vorgesehenen Bassianus und Eutropia den nicht weiter bekannten Virius Nepotianus, Konsul des Jahres 336. Constantia, die mit Kaiser Licinius (308–324) vermählt war, spielte auch nach dem Ende ihres Mannes eine wichtige Rolle. Noch auf dem Sterbebett soll sie ihrem Halbbruder empfohlen haben, die Position der Arianer anzunehmen, und auch wenn dies wohl nur ein Gerücht sein dürfte, wird man Constantia eine gewisse Bedeutung bei religionspolitischen Entscheidungen nicht absprechen können. Dies gilt freilich auch für andere Damen des kaiserlichen Hauses, von Helena über Eutropia, die Witwe Maximians, bis zu Basilina, der Mutter Julians des Abtrünnigen. Der Bischof Athanasius beklagte sich sogar darüber, daß sein Rivale Euseb von Nicomedia angeblich allein durch seinen Einfluß auf die kaiserlichen Frauen die Politik lenken konnte und «allen Furcht einflößte»[14].

Von den drei Söhnen der Theodora scheint Hannibalianus schon früh gestorben zu sein. Dalmatius und Iulius Constantius konnten erst nach dem Tode der Kaisermutter Helena, die die Söhne ihrer Rivalin Theodora mit erbittertem Haß verfolgte, herausragende Positionen bekleiden, Dalmatius nicht nur das Konsulat, sondern auch eine eigens für ihn unter dem ehrwürdigen Namen der Zensur eingerichtete Oberstatthalterschaft über die Provinzen des Ostens, Iulius Constantius ebenfalls das Konsulat sowie die Würde eines «patricius». Daß Konstantin sich bemühte, auch seine Neffen an der Herrschaft zu beteiligen, setzt ein versöhnliches Verhältnis zwischen den beiden Linien des Kaiserhauses voraus. Zwar erzählt Philostorg, Konstantin sei 337 einem Giftanschlag seiner Halbbrüder zum Opfer gefallen. Doch handelt es sich hier offenkundig um eine Version, mit der gerechtfertigt werden sollte, warum unmittelbar nach dem Tode Konstantins die Soldaten vermutlich mit Billigung seines Sohnes Constantius fast alle von Theodora abstammenden männlichen Angehörigen des konstantinischen Hauses umbrachten.

Noch vor der Kaisererhebung Konstantins wurde dessen erster Sohn Crispus geboren. Von der Mutter Minervina, die in einer ähnlichen Verbindung mit Konstantin zusammenlebte wie Helena mit Constantius, kennt man gerade noch den Namen. 307 nahm Konstantin Fausta, die Tochter Maximians, zur Frau, von der er drei Söhne, Constantinus, Constantius und Constans, und mindestens zwei Töchter, nämlich Constantina und Helena, hatte, bevor er Fausta 326 unter ungeklärten Umständen umbringen ließ.

Ein Charakterbild Konstantins zu gewinnen ist nicht nur deshalb schwierig, weil man nur wenig von der Atmosphäre kennt, in der er lebte. Auch die wenigen Nachrichten über persönliche Züge des Kaisers erweisen sich bei näherer Beobachtung als verdächtig. Die «Epitome de Caesaribus» berichtet, der Kaiser sei eher «ein spottender Zyniker als von angenehmem Umgang gewesen»[15] und habe deshalb im Volksmund den Beinamen «Trachala»[16] (was am ehesten mit «arroganter Steifhals» wiederzugeben ist) erhalten. Dagegen erfährt man vom Zeitgenossen Euseb genau das Gegenteil: Der Kaiser sei, als er im Konzil von Nicaea mit den Bischöfen verhandelte und mit großem Entgegenkommen sogar die griechische Sprache gebrauchte, ausgesprochen «freundlich und angenehm»[17] gewesen. Man muß zur Vermutung gelangen, daß Angaben über Charakterzüge des Kaisers nur eine Funktion der jeweiligen negativen oder positiven Gesamttendenz der Berichte sind.

Die Deutung der Persönlichkeit Konstantins bleibt unter diesen Umständen vor allem der Phantasie der Historiker überlassen. Das erklärt die erstaunliche Breite der bisher unternommenen Charakterisierungsversuche, von denen man angesichts der geringen Verifizierungsmöglichkeiten allenfalls einige Extreme verwerfen kann, etwa die im pietistischen Umfeld zuerst formulierte und dann durch Jacob Burckhardt berühmt gewordene Vorstellung, Konstantin habe als skrupelloser und machtbewußter Machiavellist die christliche Religion ohne innere Anteilnahme für seine politischen Zwecke mißbraucht. Eine gewisse Beschränkung in der Bandbreite möglicher Interpretationen ergibt sich ferner daraus, daß Konstantin kaum in einer anderen Vorstellungswelt gelebt haben kann als seine unmittelbaren Vorgänger und Kollegen im Kaiseramt. Constantius Chlorus, der Vater Konstantins, gehörte zum Kreis der vor allem aus dem Illyricum rekrutierten Berufsoffiziere, die im Verlauf des dritten Jahrhunderts die oft dilettierenden Herren des alten Senatorenadels aus den bis dahin für sie reservierten militärischen Führungspositionen verdrängt und damit für Leute ihresgleichen den Weg zum Kaisertum gebahnt hatten. Eine gute Presse haben die illyrischen Kaiser bei der vom senatorischen Standpunkt aus urteilenden Bildungselite nicht gehabt. So geben einige Quellen dem Kaiser Galerius (293–311) den Spottnamen «Großviehhirt»[18], und Laktanz erklärt seine «naturgegebene Barbarei und nicht mit römischem Blut vereinbare Wildheit» damit, daß dessen Mutter gar keine Römerin gewesen sei, sondern «erst, als die Carpen das Gebiet jenseits der Donau angriffen, den Fluß überquerte und nach Neu-Dakien flüchtete»[19]. Maximinus Daia (305–313) soll, wiederum nach Laktanz, nicht sehr lange Zeit vor seinem Aufstieg zum Kaiser «von den Herden und aus den Wäldern»[20] geholt worden sein. Zum Bild niedriger und halbbarbarischer Herkunft fügen

Porphyrgruppe der Tetrarchen (Ausschnitt). Rom, Museo Vaticano

sich Berichte über angebliche alkoholische Exzesse der Kaiser Galerius, Severus (305–307) und Maximinus Daia. Abgerundet wird diese Negativtradition schließlich durch den Hinweis, daß die illyrischen Kaiser nur «einen geringen Grad an Bildung»[21] besaßen. Dabei schätzten sie in Wirklichkeit durchaus ein gewisses höfisches Raffinement, zu dem auch der Umgang mit Rednern wie Mamertinus oder Soterichos, mit Poeten und Philosophen gehörte. Diesen Punkt hat die «Epitome de Caesaribus» lediglich für Maximinus Daia angemessen gewürdigt, der «zwar die Abstammung und die Ausbildung eines Hirten gehabt, aber alle Philosophen und die Wissenschaften gefördert»[22] haben soll. Dagegen wird an Licinius scharf getadelt, daß er als soldatischer Barbar «die Bildung haßte, die er aus maßloser Unkenntnis ein Gift und eine öffentliche Pest nannte»[23]. Wäre dem wirklich so gewesen, bliebe unerklärlich, warum

19

Licinius für eine gediegene Ausbildung seines Sohnes durch den Grammatiker Optatus sorgen ließ. Der gleiche Optatus gehörte später zu den höchsten Würdenträgern des konstantinischen Hofs und wurde als erster mit dem neuen Rang eines «patricius» geschmückt. Ohne seine schöne Frau, die angeblich die Geliebte Konstantins war, wäre die Karriere des Grammatikers vielleicht weniger glänzend gewesen. Aber sein Fall demonstriert, daß Angehörige der Bildungsberufe gerne von einem Kaiserhof in den anderen übernommen wurden. Der von Konstantin geschätzte Dichter Optatianus Porphyrius hätte mit seinen inhaltsleeren, aber formal äußerst komplizierten Gedichten, in denen einige purpurne oder goldene Buchstaben Figuren formten und dabei wiederum Sätze oder Verse ergaben, die den Kaiser lobten, zweifellos auch am Hofe des Galerius oder des Licinius große Anerkennung gefunden.

Daß die Vorgänger Konstantins sich meist mit Stoppelbart und finsterem Blick als rauhe Soldaten darstellen ließen, während die Darstellungen Konstantins den Stempel eines klassizistischen und geglätteten Stils tragen, entspricht damit nur einem Wandel in der Konventionalsprache der Kaiserbilder, nicht aber irgendwelchen Unterschieden in den Bildungsvoraussetzungen, im sozialen Umfeld oder im Charakter. Wie seine Vorgänger war Konstantin im illyrischen Raum geboren. Er war fast schon erwachsen, als sein Vater zum Kaiser avancierte, und die rein militärische Ausbildung, die er bis dahin erhalten hatte, wurde im Stab des Oberkaisers Diokletian fortgesetzt, wo er nacheinander die Ränge eines Protektors und eines Tribuns bekleidete. Wie seine Vorgänger wurde Konstantin wegen seiner militärischen Laufbahn ebenfalls Opfer des senatorischen Vorurteils, daß den höheren Offizieren neuen Typs rechte Bildung nicht zuzutrauen sei. Der Anonymus Valesianus behauptet von ihm, er sei «nur wenig in den Wissenschaften unterrichtet»[24] worden.

Die Annahme liegt nahe, daß sich Konstantin auch in seinen religiösen Auffassungen nicht fundamental von den illyrischen Offizieren, die vor ihm oder gemeinsam mit ihm Kaiser waren, unterschieden haben kann. Einem wichtigen Element der von den «Soldatenkaisern» gehegten und propagierten religiösen Vorstellungen, nämlich der Auffassung, der militärische Erfolg werde durch das Bündnis zwischen Kaiser und einem mächtigen Schutzgott garantiert, ist Konstantin bis zum Ende seines Lebens treu geblieben, mag auch dieser Schutzgott ab einem bestimmten Zeitpunkt in seiner Biographie Christus geheißen haben. Mit seinen soldatischen Vorgängern und Konkurrenten verbanden Konstantin auch gewisse autoritäre Strukturen seiner Religionspolitik, insbesondere der wiederholte Versuch, religiöse Vereinheitlichung, die das «Heil des Reichs» garantieren sollte, auf dem Verordnungsweg zu erreichen.

Im Unterschied zu seinen Mitherrschern und Konkurrenten hatte Konstantin allerdings während seiner ganzen Regierung Erfolg. Von den um 311 herrschenden fünf Kaisern konnte sich Konstantin durch Glück

Der siegreiche Konstantin. Kameo. Belgrad, Nationalmuseum

und politisch-militärisches Geschick schließlich als einziger durchsetzen und durfte danach als Alleinherrscher noch dreizehn Jahre lang über ein an allen Grenzen gefestigtes Imperium herrschen. Schon durch die bloße Länge seiner Regierungszeit von dreißig Jahren hatte er überhaupt alle seine Vorgänger mit Ausnahme des Augustus übertroffen. Man kann annehmen, daß einige zeitgenössische lobende Äußerungen trotz ihrer Orientierung an höfischen Floskeln in authentischer Weise das ehrliche Staunen widerspiegeln, das die beispiellose Karriere dieses Kaisers auslöste. Eine Inschrift bezeichnet Konstantin als den «Glücklichsten und über das Maß aller früheren Kaiser Frömmsten und Siegreichsten»[25]. Euseb rühmt den Kaiser als «Sieger, der allein von den Imperatoren, die je gelebt haben, unüberwindlich und unbesiegbar war, im Gegenteil immer siegte und sich allezeit der Siegesdenkmale gegen seine Feinde erfreuen konnte»[26]. Und ebenso scheint auch der heidnische Athener Praxagoras, wie aus einer späten Inhaltsangabe zu seiner verschollenen Biographie des Kaisers hervorgeht, betont zu haben, «daß der Kaiser Konstantin mit jeder Tugend und menschlicher Vollendung, aber auch durch sein ganzes Glück alle Kaiser, die vor ihm geherrscht hatten, in den Schatten gestellt hatte»[27].

Die erfolgreichen Kämpfe, denen Konstantin am Ende seiner Regierung die Alleinherrschaft verdankte, zogen sich allerdings über fast zwanzig Jahre hin. Gerade die Dauer dieser Auseinandersetzungen bietet für die Behandlung der konstantinischen Frage einen Ansatz, der dem Historiker leichter zugänglich ist als die Erforschung innerer Motive. Hätte Konstantin seine Rivalen rasch schlagen können, wäre der politische Druck, sich vom übermächtigen Erbe der religiösen Traditionen zu lösen, zweifelsohne geringer gewesen. Aber nachdem Diokletians Versuch einer Ausrottung des Christentums kein unmittelbarer Erfolg beschieden war, existierten im zerfallenden kollegialen Herrschaftssystem der Tetrarchie über längere Zeit mehrere religionspolitische Optionen nebeneinander. In Abgrenzung von seinen Mitherrschern verfolgte Konstantin dabei ein immer christenfreundlicheres Programm, das mit seinem Triumph über die Rivalen schließlich den Sieg davontrug. Das alte Thema des Bürgerkriegs zwischen rivalisierenden Machthabern gewann so eine neue ideologische Konnotation. Als 312 Maxentius besiegt worden war, wurde Konstantin noch konventionell als Wiederhersteller der verfassungsmäßigen Ordnung gefeiert, der besiegte Gegner aber als Gewaltherrscher diskreditiert, dem neben Habgier und sexuellen Ausschweifungen vor allem die unrechtmäßige Machtergreifung vorgeworfen wurde. Neu war daran allenfalls, daß für den besiegten Gegner nun auch in offiziellen Dokumenten die Bezeichnung «Tyrann» gebraucht wurde. In den Augen der Christen waren aber Legitimität eines Herrschers und positives Verhalten gegenüber ihrer Religionsgemeinschaft identische Größen, und dementsprechend hat Euseb in einer bald nach 313 entstandenen Passage seiner Kirchengeschichte die angeblich frommen und legitimen Kaiser Konstantin und Licinius den «gottlosesten Tyrannen»[28] Maxentius und Maximinus gegenübergestellt, gegen die zu kämpfen seiner Ansicht nach in jeder Hinsicht gerechtfertigt war. Diese christliche Interpretation innenpolitischer Konflikte hat sich Konstantin während der Spannungen mit seinem letzten Gegner, dem 324 besiegten Licinius, zu eigen gemacht und nach dem Ende des Bürgerkriegs seine gesamte Laufbahn als im Dienste Gottes unternommene Erlösungstat zur Durchsetzung der wahren Religion dargestellt: *Meinen Dienst suchte und prüfte es [das göttliche Wesen] zu seinem notwendigen Plan. Und beginnend mit jenem Ozean bei Britannien und mit den Landstrichen, wo die Sonne nach der Ordnung eines höheren Willens untergeht, vertrieb und zerstreute ich alle herrschenden Schrecken, damit, durch mein Werk erzogen, das Menschengeschlecht zum Dienste am verehrungswürdigen Gesetz wieder zurückgerufen werde und damit der seligste Glaube unter der stärkeren Führung gedeihe, [...] bis ich auch in die östlichen Länder gelangt bin, welche, von schweren Unglücksschlägen bedrängt, nach einer stärkeren, und zwar der von uns gewährten Heilung riefen.*[29]

# Die Tetrarchie und ihr Zerfall

Will man den zweifellos etwas dramatisierenden späten Quellen Glauben schenken, stand wenige Jahre vor der Geburt Konstantins das Ende des römischen Reichs kurz bevor. Der neuen Dynastie der Sasaniden, die ab 224 die Arsakiden in der Herrschaft über das östliche an Rom angrenzende iranische Großreich abgelöst hatten, war mit der Gefangennahme des Kaisers Valerian (253–260) ein beispielloser Erfolg gelungen. Die Goten töteten 251 Kaiser Decius im Kampf und setzten in den folgenden Jahren wiederholt über die Donau. Heruler und andere Ostgermanen plünderten in kleinen Ruderschiffen die südliche Küste des Schwarzen Meers und das Ägäisgebiet. Italien, Gallien und Spanien wur-

Felsrelief von Naksch-i Rustam (Iran). Der Sasanidenherrscher Schapur I. (reitende Figur) rühmte sich seiner Siege über die drei römischen Kaiser Gordian III. (238–244), Philippus Arabs (244–249) und Valerian (253–260). In der knienden Figur wird meist der 260 in Gefangenschaft geratene Valerian erkannt.

Weihinschrift des Simplicinius Genialis in Erinnerung an einen Sieg über «Barbaren des Stammes der Semnonen bzw. der Juthungen» am 24. und 25. April 260. Im August 1992 bei Ausschachtungsarbeiten in Augsburg entdeckt. Augsburg, Römisches Museum

den Opfer der Einfälle der neuen germanischen Großstämme der Franken, der Alamannen und der Juthungen. Wie gefährlich diese Einfälle waren, verdeutlicht die in das Jahr 260 zu datierende Weihinschrift eines 1992 in Augsburg entdeckten großen Altars für die Siegesgöttin Victoria, in der sich der Statthalter Raetiens rühmt, Angehörige der Alamannen («Semnonen») und Juthungen geschlagen zu haben. Allein diese versprengte Gruppe, die am großen Einfall von 259/260 teilgenommen hatte und gerade aus Italien zurückkehrte, führte «viele Tausende»[30] von Bewohnern Italiens als menschliche Beute mit sich.

Die verheerenden Aktionen der barbarischen Randvölker allein konnten aber das römische Reich noch nicht in seiner Existenz gefährden. Durch die Konzentrierung und das Umdisponieren der Truppen, die nun nicht mehr nur an der Grenze aufgereiht waren, sondern mit schnell beweglichen Reiterverbänden mehr und mehr aus dem Hinterland operierten, war das Problem der Barbareneinfälle nämlich auf militärischer Ebene durchaus zu lösen. Gerade die ständige Mobilisierung der Armeen gefährdete aber die Stabilität des Reichs viel nachhaltiger als die Barbaren, gegen die diese Armeen eingesetzt wurden. Nun wurden nämlich die Usurpationen, die in der Logik eines auf militärischer Gewalt begründeten Herrschaftssystems lagen, geradezu epidemisch. Wo der Kaiser selbst kämpfte, konnte seine Herrschaft in Gefahr geraten, wenn er den großen Expeditionsarmeen nicht erfolgreich genug erschien oder die Stabsoffiziere gegen ihn konspirierten. Dort, wo der Kaiser nicht selbst anwesend war, wuchs für die einzelnen Armeen die Versuchung, jeweils einen eigenen Kandidaten zum Kaiser auszurufen. Unter diesen Umständen war die Lebenserwartung der Herrscher des dritten Jahrhunderts gering. Einige, wie etwa die Kaiser Aemilian oder Florian, konnten ihre Macht nur für wenige Monate genießen, bevor sie von einem Rivalen in einem Bürgerkrieg besiegt oder von den eigenen Offizieren oder Soldaten umgebracht wurden. Die Instabilität der Kaiserherrschaft, die Verknüpfung und gegenseitige Bedingung von Bürgerkriegen und Barbareninvasionen haben die Geschichtswissenschaft veranlaßt, diesem Zeitalter die Bezeichnung «Reichskrise» zu geben, auch wenn in dieser Zeit entgegen älteren Vorstellungen keineswegs alles krisenhaft war und man trotz einer rasanten, durch die ständige Geldnot der Kaiser verschuldeten Inflation durchaus für Teile des Imperiums eine wirtschaftliche Blüte feststellen kann.

Die Gefahr permanenter Usurpationen, das Grundübel dieser Epoche, war auf Dauer nur dadurch zu vermeiden, daß im riesigen Reich mehrere Kaiser einvernehmlich nebeneinander regierten. Auf diese Weise wurde die «Kaiserpräsenz» bei den größeren Truppenkontingenten an den Reichsgrenzen aufrechterhalten, und keines der Heere konnte in Versuchung geraten, einen neuen Kaiser zu erheben. Dazu bot sich natürlich der Rückgriff auf die eigene Familie an. Schon seit längerer Zeit war es üblich gewesen, den Nachfolger so bald wie möglich als Augustus zum formal gleichrangigen Mitregenten zu erheben, um jedes Risiko für die Erbfolge zu vermeiden. Im Jahre 254 wies Kaiser Valerian seinem zum Augustus erhobenen Sohn Gallienus (253–268) einen eigenen Aufgabenbereich zu. Der Sohn sollte die Rhein- und die Donaugrenze gegen

Kaiser Gallienus (253–268).
Marmorbüste, um 260; Rom,
Thermenmuseum

die Barbaren sichern, während sich Valerian vornahm, den Osten gegen die Perser zu verteidigen. Das System wurde bald weiter differenziert. Weil Gallienus nämlich unmöglich gleichzeitig am Rhein und an der Donau die Verteidigung leiten konnte, ließ er, als er die Franken am Rhein bekämpfen mußte, in den Provinzen an der Donau seinen Sohn Valerianus zurück, der den Titel eines Caesars hatte. Mit diesem Titel sollte traditionell nur der Anspruch auf die Kaisernachfolge deutlich gemacht werden, doch gewann das Caesarat in diesem Fall bereits Züge einer untergeordneten, für ein beschränktes Gebiet zuständigen Kaiserstellung. Kurze Zeit später hatte Saloninus, der jüngere Sohn des Gallienus, in Köln eine ähnliche Teilkaiserrolle für Gallien und Germanien wahrzunehmen. Dieser aus der Not des Augenblicks geborenen politischen Ordnung war aber keine Stabilität beschieden, weil die beiden Söhne des Gallienus nacheinander ermordet und der ältere Valerian gefangengenommen wurde.

Einen neuen Versuch mit einem dynastischen Mehrkaisersystem unternahm Carus (282–283). Als er in den Krieg gegen die Perser zog, ließ er im Westen seinen erwachsenen Sohn Carinus als Caesar zurück, während der jüngere Sohn Numerian ihn auf dem Perserfeldzug begleitete. In der kaiserlichen Propaganda wurde besonders die Selbständigkeit des Caesars Carinus betont, der vor allem in Gallien militärisch tätig

Diokletian. Fund aus Nicomedia. Istanbul, Archäologisches Museum, nach einem Gipsabguß im Archäologischen Institut Göttingen

war. Auch diese Konstellation blieb allerdings ein Zwischenspiel, da Carus schon ein Jahr später während seines Feldzugs gegen die Perser in seinem Zelt von einem Blitz getroffen wurde. Als auch Numerian Ende 284 auf dem Rückweg vom Perserfeldzug unter ungeklärten Umständen gestorben war – seinen Tod bemerkte man angeblich erst durch den aus der Kaisersänfte dringenden Leichengeruch –, wurde Diokletian, der Befehlshaber der Leibgarde, gemäß einer Absprache der Stabsoffiziere vom Heer zum Kaiser erhoben. Erst ihm sollte in seiner langen Regierungszeit (284–305) die Einrichtung und die Festigung eines erfolgreicheren Mehrkaisermodells gelingen. Daß er die für einen Herrscher dieser Zeit notwendige brutale Entschlossenheit hatte, demonstrierte er, indem er seinen Rivalen, den Prätorianerpräfekten Aper, vor den Augen der Soldatenversammlung, die ihn zum Kaiser ausgerufen hatte, eigenhändig umbrachte. Aber nur seinem beträchtlichen Glück hatte er es zu verdanken, daß seinem Kaisertum überhaupt längere Dauer beschieden war. Denn der im Westen herrschende Carinus, der wie Numerian nach dem Tode des Vaters zum Augustus ausgerufen worden war, hatte ihn bereits an der Morava besiegt, als er selbst einer Verschwörung seiner Offiziere zum Opfer fiel. Um nicht erneut einen feindlichen Konkurrenten befürchten zu müssen, erhob Diokletian, der selbst keinen Sohn hatte, allein aber nicht das gesamte Imperium kontrollieren konnte, im Dezember 285 den Offi-

Diokletian und Maximian.
Goldmedaillon, um 287 in Rom geprägt.
Berlin, Staatliche Museen, Münzkabinett

zier Maximian zum Caesar. Dieser wurde mit dem Kommando gegen die sogenannten Bagauden betraut, große Räuberbanden, die sich nach dem Ende des sogenannten gallischen Sonderreichs (260–274) und nach erneuten germanischen Einfällen während der Regierung der Kaiser Aurelian (270–275) und Probus (276–282) im verwüsteten Gallien gebildet hatten. Als Maximian sich einige Monate lang bewährt hatte, erhob ihn Diokletian zum gleichrangigen und für den Westen zuständigen Augustus. 293 baute Diokletian das Mehrherrschaftssystem weiter aus, indem er Maximian den Caesar Constantius und sich selbst den Caesar Galerius zur Seite stellte. Constantius übernahm die Verteidigung von Gallien und Britannien, während Galerius in Absprache mit Diokletian bald in Ägypten und an der persischen Grenze, bald an der Donau tätig war. Dieses System der beiden Augusti und der beiden Caesares, das erst die moderne Geschichtswissenschaft als «Tetrarchie» (Vierherrschaft) bezeichnet hat, war in einer Hinsicht allen früheren Konstellationen, in denen zwei oder drei Kaiser miteinander geherrscht hatten, überlegen: Alle Herrscher, die untereinander nicht verwandt waren, verfügten als reife Männer über militärische Erfahrung und waren so in der Lage, an den jeweiligen Grenzen ihre Truppen erfolgreich zu führen und durch immer neue Erfolge an das regierende Kaiserkollegium zu binden. Gleichzeitig hatte Diokletian Sorge dafür getragen, daß das Kaiserkollegium in sich hierarchisch so gegliedert war, daß trotz der Vielherrschaft die Einheit der Führung immer gewahrt blieb. Obgleich nämlich Constantius und Galerius nur unwesentlich jünger als Maximian waren – die drei wurden vermutlich um 250 geboren, allein Diokletian könnte etwa fünf Jahre älter gewesen sein –, waren sie bewußt nicht als gleichrangige Herrscher eingesetzt worden. Ihre Unterordnung wurde neben dem Caesartitel dadurch deutlich gemacht, daß sie von den herrschenden Augusti als Söhne adoptiert wurden – und zwar nicht nur durch eine gewöhnliche Adoption, sondern durch die Aufnahme in fiktive Familien göttlichen Ursprungs, nämlich die nach Jupiter benannten Jovier, deren Oberhaupt Diokletian, und die nach Hercules benannten Herculier, deren Oberhaupt Maximian war. Außerdem wurden die Caesares auch noch zu Schwiegersöhnen der Oberkaiser, indem Galerius die leibliche Tochter Diokletians, Valeria, heiraten mußte, Constantius die Tochter des Maximian, Theodora (wenn er nicht schon vor seiner Caesarerhebung mit Theodora verheiratet gewesen sein sollte). Gegenüber dem Augustus Maximian, der von Diokletian in ein fiktives Bruderverhältnis aufgenommen worden war, ergab sich der Vorrang Diokletians daraus, daß dieser auf ein höheres Dienstalter zurückblicken konnte und daß Maximian ihm überhaupt erst die Herrschaft zu verdanken hatte. Die Rangunterschiede im Kollegium wurden oft auch in den bildlichen Darstellungen deutlich gemacht: Im sogenannten Tetrarchierelief des Galeriusbogens in Thessalonike müssen die beiden Caesares stehen, während von den thronenden Augusti Diokletian das Langszepter und einen edelsteinbesetzten Gürtel trägt, Maximian sich dagegen mit einem Halbszepter begnügen muß.

In Zusammenarbeit mit seinen Kollegen konnte Diokletian einen Zustand der Stabilität schaffen, den er in offiziellen Verlautbarungen selbstzufrieden als die «auf ewig begründete Ruhe»[31] beschrieben hat. Die Kaiser bewährten sich in der Niederschlagung aktueller Krisen. Britannien, das sich unter der relativ langlebigen Herrschaftsbildung des Carausius und seines Mörders und Nachfolgers Allectus selbständig gemacht hatte, wurde 296 von Constantius und seinem Prätorianerpräfekten Asklepiodotus wieder für die Tetrarchie zurückgewonnen. Im Auftrag Diokletians schlug Galerius Unruhen in Südägypten nieder, und als Galerius später an der Ostgrenze den Kampf gegen die Perser zu übernehmen hatte,

Das Tetrarchenrelief am Galeriusbogen in Thessaloniki. In der Mitte auf einem Globus thronend die Augusti Diokletian und Maximian als Weltherrscher. Zu ihren Seiten stehend die beiden Caesares, die die als kniende Figuren gestalteten Provinzen Mesopotamien und Britannien wieder aufrichten. Die Zentralgruppe wird von Göttern flankiert, die den Fortbestand der Tetrarchie garantieren.

Der Einzug des Constantius Caesar in das wiedergewonnene Londinium. Goldmedaillon, geprägt in Trier, um 296/299; London, British Museum

gelang es Diokletian selbst, einen weiteren ägyptischen Aufstand, nämlich die Usurpation des Domitius Domitianus und seines Chefministers Achilleus, durch die spektakuläre Einnahme Alexandrias zu beenden.

Vor allem aber ermöglichte die Vervierfachung der Kaiserpräsenz, die das Risiko permanenter Usurpationen minderte, eine effektivere und langfristig geplante Verteidigung der römischen Grenzen. Laktanz behauptet, die Tetrarchie habe mindestens zu einer Vervierfachung der Soldatenzahlen geführt: «Er [Diokletian] erhob nämlich drei Teilhaber an seiner Herrschaft, teilte den Erdkreis in vier Teile und vermehrte die Heere, da jeder einzelne von ihnen eine bei weitem größere Zahl von Soldaten zu besitzen anstrebte, als frühere Kaiser zu einer Zeit gehabt hatten, in der sie allein den Staat lenkten.»[32] Das ist tendenziöse Übertreibung. Vermutlich beschränkten sich die Kaiser vor allem auf eine organisatorische Straffung der personell nur unerheblich ausgebauten Truppen, indem die alte Legion von 6000 Mann durch neue kleinere Legionseinheiten ersetzt wurde. Flankiert wurde diese Reform durch weitere Maßnahmen der Verteidigung, vor allem den Bau neuer, miteinander durch Straßensysteme verbundener Kastelle, zum Beispiel entlang der vom Roten Meer bis zum Euphrat reichenden «strata Diocletiana». Die kontinuierliche Finanzierung der neuorganisierten Armee sollte durch eine gründlichere Ausbeutung der steuerpflichtigen ländlichen Bevölkerung garantiert werden, und zwar durch das System einer gekoppelten Kopf- und Grundsteuer, wobei die entsprechenden Verrechnungseinheiten zunächst alle fünf, später alle fünfzehn Jahre neu geschätzt wurden. Der erhöhte bürokratische Aufwand erzwang eine umfangreiche Neustrukturierung der gesamten Administration: «Und damit alles mit Schrecken erfüllt werde», schreibt Laktanz und meint damit den Schrecken des bürokratischen und fiskalischen Zugriffs, «wurden auch die Provinzen in Stücke zerschnitten, viele Statthalter und noch mehr Bürokraten lasteten ständig auf einzelnen Gebieten oder sogar schon fast auf einzelnen Stadtgemeinden, ebenso ferner viele Verwalter der Staatskasse und des kaiserlichen Privatvermögens sowie Vikare der Prätorianerpräfekten.»[33] Weite Be-

Luftaufnahme eines Forts an der «strata Diocletiana».
Khan el-Manquoura, Syrien

reiche des öffentlichen Lebens wurden reguliert, um durch die Sicherstellung der Staatsfinanzen letztlich die Funktionsfähigkeit des militärischen Apparats zu garantieren. So versuchte Diokletian sogar, parallel zu einer Reform des aus den Fugen geratenen und durch den Edelmetallmangel völlig ruinierten Münzsystems, einen Höchstpreis für sämtliche Waren und Dienstleistungen festzusetzen. Dieses Edikt – eine der wichtigsten wirtschaftsgeschichtlichen Quellen des Altertums – wurde selbst in kleinen Städten Kleinasiens in inschriftlicher Form aufwendig publiziert. Es sollte verhindern, daß die Soldzahlungen und Geldgeschenke, die aus den Steuern bezahlt wurden, nicht durch Preis-

Porphyrgruppe
der vier Tetrarchen.
Das Bildwerk gelangte nach
1204 von Konstantinopel
nach Venedig. San Marco,
Südwestecke des Tesoro

erhöhungen wieder wertlos wurden und damit der ganze Aufwand der bürokratischen Steuereintreibung wirkungslos verpuffte.

Die Stabilisierung des römischen Reichs durch das tetrarchische System und die ganz ungewohnte Tatsache, daß über Jahrzehnte dieselben Herrscher an der Macht blieben, führten auch dazu, daß die imperiale Propaganda, die bisher dadurch gemäßigt worden war, daß die gefeierten Herrscher nach einigen Jahren wieder neuen Kaisern Platz machen mußten, nun über Jahre hindurch sich immer mehr zu einer regelrechten tetrarchischen Religion verfestigen konnte. In zahlreichen Lobreden, aber vor allem in Bildwerken, die auf viel breitere Kreise einwirkten, wurden die vier Tetrarchen als überirdische Wesen ausgegeben, die zwar selbst nicht Götter waren, aber als Jovier und Herculier am göttlichen Wesen von Jupiter und seinem Sohn Hercules teilhatten und als deren Medien die Verbindung der Welt mit dem Jenseits garantierten. In dieser Eigenschaft hatten sie Anspruch auf sakrale Verehrung. Selbst die Angehörigen des Senats, die bisher des ideologischen Scheins wegen ihren Unter-

tanenstatus im gesellschaftlichen Umgang mit dem Kaiser nicht zum Ausdruck zu bringen brauchten, sondern mit dem Kaiser scheinbar von gleich zu gleich verkehrten, mußten nun gemäß einer Sitte, die mit der «römischen Freiheit»[34] als unvereinbar empfunden wurde, den Purpur «anbeten», das heißt in gebückter Haltung den Saum des Kaisermantels küssen. Diese sogenannte Adoratio galt Ammian als «ausländische königliche Sitte»[35], und in naiver Form hat der byzantinische Chronist Leon Grammatikos eine Verbindung zwischen persischer Despotie und dem spätantiken, von den Tetrarchen begründeten Zeremoniell des Dominats hergestellt: «Galerius kehrte mit einem großen Sieg zu Diokletian zurück, wobei er Säcke mit Edelsteinen und Perlen mit sich führte. Seither gebrauchte Diokletian als erster ein Gewand und Schuhe, die mit Edelsteinen und Gold geschmückt waren, befahl entgegen der althergebrachten Sitte für sich die Proskynese und feierte einen Triumph.»[36] Ein ähnlicher Zusammenhang wurde bereits von zeitgenössischen Kritikern hergestellt. Daß die Verbindung zwischen dem Persersieg von 298 und

Verehrung von zwei thronenden Tetrarchen.
Rekonstruktion eines Freskos im Lagerheiligtum von Luxor

der Einführung des neuen Zeremoniells aber nur ein polemisches Motiv ist, zeigt sich darin, daß der Akt der Adoratio in Wirklichkeit schon für den Winter 290/291 belegt ist, als sich Diokletian und Maximian in Mailand trafen.

Es war abzusehen, daß die Christen einer immer entschiedener eingeforderten Verehrung der Kaiser als der Beauftragten der traditionellen Götterwelt Widerstand entgegenbringen mußten. Das konnte Diokletian auf die Dauer schon deshalb nicht für unerheblich halten, weil diese

Religionsgruppe im Osten des römischen Reichs, also genau in dem von ihm beherrschten Teil, in einigen Gebieten gut die Hälfte der Bevölkerung ausmachte und dies bei ihm den Eindruck erwecken mußte, «daß fast alle Menschen den Dienst der Götter aufgegeben und sich dem Volk der Christen angeschlossen hatten»[37]. Die Christen mußten sich gewarnt fühlen, als der Kaiser anläßlich einer Anfrage des Statthalters der Provinz Africa, wie denn mit der neuartigen Sekte der Manichäer zu verfahren sei, den Grundsatz aussprach, daß ihm aufgrund seines himmlischen Auftrags die Verantwortung zufiel, alle Abweichungen von der traditionellen Religion scharf zu ahnden: «Daher haben wir einen ungeheuren Eifer, die Hartnäckigkeit der verworfenen Gesinnung überaus nichtsnutziger Menschen zu bestrafen. Diese stellen nämlich neue und unerhörte Sekten den älteren Religionen entgegen, so daß sie nach Maßstab ihres eigenen verworfenen Ermessens abweisen, was einstmals uns von den Göttern her gewährt worden ist.»[38]

Warum Diokletian sich aber erst 303, das heißt nach fast zwanzig Regierungsjahren, entschloß, das Christentum zu verfolgen, obgleich ihm dessen Unvereinbarkeit mit seinen Vorstellungen religiöser Ordnung nicht erst zu einem so späten Zeitpunkt aufgefallen sein kann, haben sich bereits die christlichen Zeitgenossen gefragt. Da fast die gesamte Regierungszeit Diokletians eine Zeit des Religionsfriedens war, in der gesamten Regierungszeit des Nachfolgers Galerius aber die Verfolgungen andauerten, war es aus ihrer Perspektive naheliegend, in Galerius auch den wahren Schuldigen für den späten religionspolitischen Kurswechsel zu erkennen. Laktanz entwickelte die These, Diokletian habe von seinem Caesar Galerius, dessen Selbstbewußtsein durch seinen Sieg über die Perser angeblich gewaltig gewachsen war, erst zur Verfolgung gedrängt werden müssen. Der von Laktanz beschriebene dramatische Autoritätsverfall des seinem Schwiegersohn Galerius hörigen Oberkaisers, der schließlich nach einer langen Krankheit von diesem zum Rücktritt gezwungen worden sei, muß aber als geniale polemische Erfindung gelten und kann nicht mehr Glauben beanspruchen als die Behauptung, Galerius sei seinerseits deshalb auf die Verfolgung der Christen verfallen, weil ihn seine fanatische Mutter, «eine Verehrerin der Berggötter»[39], um diesen Gefallen gebeten habe.

In der späten Aufnahme der Christenverfolgung verrät sich eher die Vorsicht eines Herrschers, «der in schlauer Weise zögerte, außerdem scharfsinnig und von ziemlich scharfem Verstand war»[40]. Denn das Risiko, eine so große Bevölkerungsgruppe wie die Christen offen zu bekämpfen, war nicht gering. Eine Verfolgung großen Stils, die die erwünschte religiöse Einheit des gesamten Reichs erzwingen sollte, konnte man erst dann mit einer gewissen Aussicht auf Erfolg unternehmen, wenn die eigene Herrschaft hinreichend gesichert war, man mit einer starken Loyalität der übrigen Bevölkerung rechnen konnte und keine äußeren Risiken zu be-

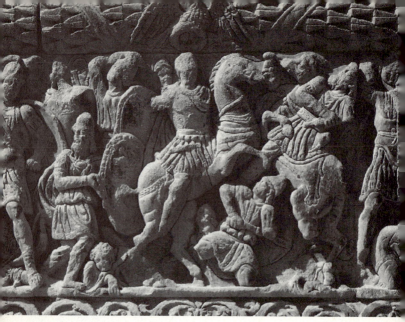

Galerius im Kampf gegen die Perser.
Relief am Galeriusbogen in Thessaloniki

fürchten hatte. Diokletian begann darum mit der Christenverfolgung erst dann, als nach den zahlreichen äußeren Erfolgen das tetrarchische System anscheinend fest begründet war. Bald nach dem erfolgreichen Perserfeldzug von 298 geriet die kleine Minderheit der in der Armee dienenden Christen in Bedrängnis. Soldaten und Palastangehörige wurden aufgefordert, das Opfer zu vollziehen, und wer sich weigerte, mußte den Dienst quittieren oder die Prügelstrafe erdulden. Aber erst Jahre später versuchte der Kaiser, nun auch breite Kreise zur religiösen Loyalität zu zwingen. Die 297 oder 302 auf Anfrage erlassene Verfügung gegen die Manichäer erlaubte einen Vorgeschmack auf die gewalttätigen Methoden, mit denen dieses Ziel erreicht werden sollte: «Wir befehlen nämlich, daß die Urheber und Anführer gemeinsam mit ihren abscheulichen Schriften einer härteren Strafe unterworfen werden von der Art, daß sie durch die Flammen des Feuers verbrannt werden. Die Sympathisanten aber und die anhaltend Hartnäckigen sollen nach unserem Befehl mit dem Tode bestraft werden, und wir bestimmen, daß ihr Vermögen von unserem Fiskus beschlagnahmt werden soll.»[41] Diokletian hoffte auf diese Weise den «verderblichen Geist dieser Nichtswürdigkeit mit Stumpf und Stiel von unserem allerglücklichsten Zeitalter wegschneiden»[42] zu können.

Anfang 303 setzten die Maßnahmen ein, durch die nun auch das Christentum zumindest an seiner weiteren Ausbreitung gehemmt werden sollte, und zwar an einem Tag, der dem Kaiser «als geeignet und glückverheißend»[43] erschien, nämlich am altrömischen Festtag der für heilig gehaltenen Grenzsteine (Terminalia), «damit gleichsam eine Grenze dieser Religion auferlegt werde»[44]. Am 23. Februar zerstörte ein kaiserliches Rollkommando mit Beilen und anderem Werkzeug die große Kirche von Nicomedia bis zu den Fundamenten. Und am nächsten Tag wurde ein allgemeines Edikt bekanntgegeben, das die Ausübung des christlichen Kultes für strafbar erklärte, die generelle Zerstörung und Vernichtung der Kirchen, der heiligen Schriften und des liturgischen Geräts verfügte und allen Untertanen die Pflicht zum Opfer auferlegte. Kleriker sollten automatisch als Opferverweigerer gelten, womit ihnen die Möglichkeit genommen war, sich Strafverschonung zu erkaufen. Im einzelnen wurden später weitere verschärfende Ausführungsbestimmungen zum Christenedikt erlassen, etwa als kurz darauf die kaiserliche Residenz in Flammen aufging und man glaubte, die Christen hätten gemeinsam mit den Eunuchen des Hofs eine Verschwörung gegen Diokletian und Galerius vorbereitet. Aber die in der älteren Forschung vertretene Annahme, es habe vier sich steigernde Verfolgungsedikte gegeben, hat sich als unbegründet erwiesen.[45]

Ein Tetrarch opfert im Beisein von Göttern. Basis einer der Säulen des zerstörten tetrarchischen Fünfsäulenmonuments in Rom, Forum Romanum

Die nach fast zwanzig Regierungsjahren erreichte Stabilität der Herrschaft Diokletians und ihre theokratische Verfestigung gipfelte nicht nur in der von langer Hand vorbereiteten und in einem Schlag verfügten Christenverfolgung, sondern führte bei Diokletian auch zu dem Wunsch, nun der von ihm geschaffenen Mehrherrschaft ewige Dauer zu verleihen; ja es scheint sogar, als sei die Christenverfolgung eine Maßnahme gewesen, die den Plan Diokletians, sich auf dem Gipfel seiner Macht von der Herrschaft zurückzuziehen, ideologisch flankierte.[46] Diokletian glaubte, durch die sorgfältige Gestaltung seines freiwilligen Rückzugs von den Regierungsgeschäften die Kaisernachfolge, die besonders in der Reichskrise des dritten Jahrhunderts nur von den Zufällen von Bürgerkriegen und Offiziersverschwörungen abhängig war, endlich in geregelte Bahnen führen zu können. Bereits 291 hatte ein Lobredner die vollkommene Eintracht zwischen den beiden Kaisern Diokletian und Maximian gerühmt, die zu einer zwillingshaften Angleichung beider Kaiser führe und selbst die Altersunterschiede bedeutungslos erscheinen lasse: «Ja sie [die Ähnlichkeit] bezwingt sogar den Unterschied eures Alters und macht den Älteren und den Jüngeren durch wechselseitige Liebe zu Gleichaltrigen.»[47] Die fiktive Gleichaltrigkeit schloß als letzte Konsequenz ein, daß beiden Kaisern eine gleich lange Regierungszeit zugemessen war. Ein gleichzeitiger Rücktritt der beiden Oberkaiser war seit 293 denkbar und möglich, da von nun an mit den Caesares Constantius und Galerius designierte Nachfolger zur Verfügung standen. In der zweiten Hälfte des Jahres 303 – wenige Monate, nachdem die Christenverfolgung begonnen hatte – brach Diokletian nach Rom auf, um dort gemeinsam mit Maximian und wahrscheinlich auch den beiden Caesares anläßlich des zwanzigsten Regierungsjubiläums[48] beider Kaiser einen großen Triumphzug zu feiern, in dem abschließend auf alle großen Leistungen der Tetrarchie hingewiesen wurde. Beide Augusti fuhren gemeinsam auf das Kapitol, und beim Opfer für den kapitolinischen Jupiter – das heißt der Gottheit, von der Diokletian und über Diokletian auch Maximian ihre Macht ableiteten – wurde Maximian durch einen Eid auf die letzte Konsequenz seines Bruderverhältnisses zu Diokletian eingeschworen und verpflichtete sich, am selben Tag wie sein Kollege zurückzutreten. Schon einige Jahre zuvor, bald nach dem großen Sieg über die konkurrierende Weltmacht der persischen Sasaniden, der das Prestige der Tetrarchie krönte, hatte Diokletian mit den Planungen zur Errichtung seines Alterssitzes in Split begonnen. Allein die gewaltigen Dimensionen dieses Palastes zeigen, daß man sich diesen so lange vorbereiteten Rückzug nicht als eine Rückkehr ins Privatleben vorstellen darf. Diokletian behielt nach seinem Rücktritt den Titel eines «senior Augustus» und wurde nach seinem Tode zum Divus, das heißt zum vergöttlichten Kaiser, erhoben. Nach dem Selbstverständnis des tetrarchischen Systems stieg Diokletian in der kosmischen Hierarchie der Wesen

Der Palast Diokletians in Split. Modell. Rom, Museo della Civiltà Romana

Split, Teil des Diokletian-Palastes

nur eine Stufe weiter auf, in eine Sphäre unbewegter, in sich ruhender Existenz, während jüngere aktive Augusti die alltäglichen Sorgen der Regierungsgeschäfte zu übernehmen und auf der niedrigsten Stufe kaiserlichen Daseins die Caesares im Auftrag der Augusti militärische Aufgaben zu erledigen hatten. Man kann annehmen, daß in einem solchen, neuplatonischen und astrologischen Vorstellungen entsprechenden Modell einer in Zyklen geordneten Stufenfolge in Zukunft alle Kaiser diesen Weg zur Vergöttlichung durchschreiten sollten, indem sie zehn Jahre Caesares, zehn weitere Jahre Augusti waren, um sich dann von den aktiven Geschäften zurückzuziehen und in der Abgeschiedenheit eines Palastes auf den Eintritt in die göttliche Ewigkeit zu warten. Denn auch der Nachfolger Galerius plante nachweislich, sich nach zwanzigjähriger Regierungszeit zurückzuziehen, und ließ bereits Jahre vor dem festgesetzten Termin in seinem Geburtsort Felix Romuliana (Gamzigrad) einen Palast und ein Mausoleum errichten, um seinen Rückzug vorzubereiten und am Ort seines Ursprungs bestattet werden zu können.

Diokletian hatte nicht nur seine Tochter dem Caesar Galerius zur Frau gegeben, sondern die Tochter des Galerius hatte wiederum den Sohn Maximians, Maxen-

Abbildung eines Feldzeichens auf einem Pilaster im Palast von Felix Romuliana (Gamzigrad, Serbien). Von unten nach oben: die Seniores Augusti Diokletian und Maximian (in der zivilen Toga), die aktiven Augusti Constantius und Galerius und die Caesares Severus und Maximinus Daia (im Militärmantel).

tius, geheiratet. Auch der Sohn des Constantius, der junge Konstantin, war vielleicht frühzeitig mit der Tochter Maximians verlobt worden, wenn man den Beteuerungen des anonymen Panegyrikers von 307 glauben will. Ein Bild im Palast von Aquileia soll nämlich gezeigt haben, wie «das Mädchen, das schon durch göttliche Schönheit verehrungswürdig, aber seiner Last noch nicht gewachsen ist, einen Helm, der von Gold und Edelsteinen erstrahlt und durch die Federn eines hübschen Vogels herausragt, emporhält und dir, der du damals, oh Konstantin, auch noch ein Knabe warst, anbietet, damit dich, was kaum irgendwelche Schmuckstücke der Kleidung hätten zustande bringen können, das Verlobungsgeschenk schöner macht»[49]. Möglicherweise hatte Diokletian daran gedacht, daß die künstliche Doppelfamilie der Jovier und Herculier nach einigen Generationen und in einer fernen Zukunft zu einer natürlichen Familie zusammenwachsen sollte. Für die Regelung der unmittelbaren Nachfolge spielten aber Gesichtspunkte natürlicher Verwandtschaft keine Rolle. Denn als Diokletian in seiner Residenz in Nicomedia und Maximian in Mailand am 1. Mai 305 den Purpur niederlegten und die früheren Caesares Constantius und Galerius neue Oberkaiser wurden, blieben die schon erwachsenen Söhne des Maximian und des Constantius, Maxentius und Konstantin, unberücksichtigt. Neue Caesares wurden vielmehr der Neffe des Galerius, Maximinus Daia, und der ältere Offizier Severus. Die Erhebung Konstantins zum Caesar hätte in der neuen Tetrarchie das Machtgleichgewicht zu sehr zugunsten seines Vaters Constantius verschoben. Freilich ist leicht nachvollziehbar, daß Konstantin wohl kaum Verständnis für diese macharithmetischen Gründe gehabt haben kann, die ihn selbst von der Herrschaft ausschlossen. Jedenfalls behauptet Aurelius Victor, Konstantin habe seine Zurücksetzung nicht ertragen, weil «von Kind an sein gewaltiger und mächtiger Charakter von der Begierde zu herrschen getrieben worden»[50] sei.

Konstantin diente seit den neunziger Jahren im Stab der für den Osten zuständigen Kaiser Diokletian und Galerius und hatte bald den einen, bald den anderen auf Reisen und Feldzügen nach Ägypten oder nach Mesopotamien begleitet. Als enger militärischer Mitarbeiter Diokletians war er in Nicomedia auch Zeuge der Rücktrittszeremonie des alten Kaisers und der Proklamation des neuen Caesars. Ein weiterer Aufenthalt am Hofe des neuen Augustus Galerius kam für ihn nach der Zurücksetzung gegenüber Maximinus Daia nicht mehr in Frage. Zwischen den beiden Augusti Constantius und Galerius herrschte offiziell bestes Einvernehmen, und so konnte Galerius Konstantin kaum daran hindern, zu seinem Vater zu reisen, zumal Constantius aufgrund seines höheren Alters im neuen Mehrherrschaftssystem protokollarisch den ersten Rang innehatte. Aber die konstantinfreundliche Geschichtslegende weiß von Nachstellungen des Galerius. Angeblich mußte Konstantin auf dessen Befehl einen mörderischen Einzelkampf gegen Sarmaten bewältigen, und unter dem Vorwand spielerischer Jagdvergnügungen wurden Löwen oder sogar Bären und Panther auf ihn gehetzt. Nachdem diese Mordversuche fehlgeschlagen waren, ließ ihn, so fährt diese Tradition fort, der finstere Galerius nur zum Schein ziehen, in der Absicht, ihn dann doch noch festzuhalten oder den West-Caesar Severus, durch dessen Gebiet Konstantin reisen mußte, mit der Verfolgung zu beauftragen. Konstantin soll aber Galerius überlistet haben, indem er allen Pferden, die er auf den Poststationen fand oder die er dort zurückließ, die Sehnen durchzuschneiden befahl und auf diese Weise eine Verfolgung unmöglich machte: «Aber jener gelangte mit unglaublicher Geschwindigkeit zum schon sterbenden Vater, der ihn den Soldaten empfahl und ihm mit eigenen Händen die Herrschaft übergab»[51], schreibt Laktanz, der die älteste Version der Fluchtabenteuer Konstantins bietet.

Die Darstellung vom rührenden Wiedersehen am Sterbebett ist schon deshalb falsch, weil sie voraussetzt, daß Konstantin sofort nach Britannien reiste. In Wirklichkeit traf der zu diesem Zeitpunkt noch keineswegs todkranke Constantius im gallischen Gesoriacum (Boulogne-sur-Mer) mit seinem Sohn zusammen, um gemeinsam mit ihm nach Britannien überzusetzen. Dort kämpften beide gegen die barbarische Völkerschaft der Picten und stießen dabei über den Hadrianswall hinaus

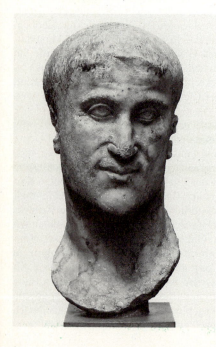

Constantius Chlorus. Kopenhagen, Ny Carlsberg Glyptotek

weit in den Norden der Insel vor. Es bleibt offen, ob Constantius, dessen schwache Gesundheit ihm in späterer Zeit zu dem Beinamen «Chlorus», der «Bleiche», verhelfen sollte, nach diesen Kämpfen wenige Monate später auf dem Krankenbett seinen ältesten Sohn zum Nachfolger ernannte. Konstantin hatte aber während des kurzen Feldzugs in Schottland schon so viel Popularität gewonnen, daß er «auf Bestreben aller, die anwesend waren»[52], im Lager von Eburacum (York) sofort zum Augustus ausgerufen wurde. Damit hatte sich ein kleines Expeditionskorps eine Entscheidung über die Kaisererhebung angemaßt, ohne abzuwarten, wie der Augustus Galerius selbst entscheiden würde. Gewiß behielt auch unter der Tetrarchie das Heer seine Funktion als «Kaisermacher» bei, und beim Regierungswechsel von 305 war das Votum einer Heeresversammlung eingeholt worden, in der durch Delegationen einzelner Verbände die Gesamtheit des Heers repräsentiert werden sollte. Aber dieser eher formale Akt sanktionierte nur die Entscheidung der Augusti, neue Kaiser zu ernennen und in das regierende Kollegium aufzunehmen. Konstantins Erhebung war dagegen ein Rückfall in die Geschichte der permanenten Militärrevolten und anarchischen Eigenmächtigkeiten des dritten Jahrhunderts. Ob man von einer wirklichen Usurpation sprechen kann, ist allerdings kaum zu bestimmen, da die tetrarchische Nachfolgeordnung nirgends gesetzlich verankert war und ein Gewohnheitsrecht, wie bei der überraschenden Vakanz eines Teilkaisertums zu verfahren sei, sich im Unterschied zum fortgeschrittenen vierten Jahrhundert noch nicht gebildet hatte. Konstantin hatte von Anfang an das von Diokletian entwickelte System nicht akzeptiert und in seiner Logik nur eine Maßnahme gesehen, die ihn seines Erbrechts beraubte.

Der neue Kaiser hatte besonderes Glück darin, daß der Augustus Galerius, der nach dem Tode des Constantius den ersten Rang im Kaiserkollegium innehatte, über die offene Herausforderung hinwegzusehen gezwungen war. Als Konstantin ihm durch die Übersendung seines lorbeerumkränzten Porträts von seiner Erhebung offiziell Mitteilung machte, erkannte er ihn zwar nicht als Augustus, wohl aber als den innerhalb der tetrarchischen Ordnung nachgerückten Caesar des Westens an, während der ehemalige Caesar Severus die Augustus-Würde bekleiden sollte. Konstantin bewies sein taktisches Geschick, indem er die Herabsetzung anerkannte. Denn seine nachträgliche Integration in das tetrarchische System bedeutete, daß er in unmittelbarer Zukunft nun nicht mehr der Bedrohung eines Militärschlags durch die übrigen drei, ihm bei weitem überlegenen Kaiser der Tetrarchie ausgesetzt war, sondern mit ihnen ein provisorisches Arrangement gefunden hatte. Natürlich mag sich Galerius vorbehalten haben, diese Entscheidung später zu korrigieren. Doch kam er nicht dazu, weil er mit einem weiteren innenpolitischen Problem über Gebühr beschäftigt war. Denn nach dem Modell Konstantins hatte am 28. Oktober 306 ein anderer Kaisersohn, nämlich Maxentius, der

Maxentius.
Dresden, Antikenmuseum

Sohn Maximians, mit Hilfe der Prätorianer und der Stadtkohorten in der Reichshauptstadt die Macht an sich gerissen. Diese Herausforderung war viel gravierender als diejenige durch Konstantin, weil Maxentius eine Stellung für sich in Anspruch nahm, die keineswegs durch den Tod eines Herrschers frei geworden war. Rom und Italien gehörten vielmehr zum Kompetenzbereich des in die Stelle des West-Augustus nachgerückten Severus. Auch hatte Galerius Animositäten gegen seinen Schwiegersohn Maxentius, weil dieser demonstrativ ihm gegenüber die Adoratio verweigert hatte. Auf Anweisung des Galerius zog Severus gegen Maxentius in den Kampf, unvorsichtigerweise mit Truppen, die zuvor unter dem Vater des Maxentius gedient hatten. Als Severus in der Festung Ravenna eingeschlossen wurde, ließen sich diese Truppen vom alten Maximian, der in der Zwischenzeit seinen Ruhesitz verlassen hatte und wieder die Rolle eines aktiven Augustus beanspruchte, ohne weiteres dazu überreden, Severus im Stich zu lassen. Der erfolglose Kaiser wurde gefangengenommen, zur formalen Abdankung gezwungen und in der Nähe Roms gefangengehalten. Nach der Ausschaltung des Severus hätte Galerius die vollendeten Tatsachen anerkennen und wieder Maximian oder seinen Sohn als Kollegen für die vakante Stelle des West-Augustus annehmen können. Dazu war er aber nicht bereit, sondern rüstete nun seinerseits für einen Feldzug gegen die beiden Usurpatoren, vielleicht in der Hoffnung, Severus retten zu können.

In dieser Situation suchte Maximian nach einem Verbündeten und fand ihn in dem nur halbherzig von Galerius als Caesar anerkannten Konstantin. Ohne offen mit Galerius zu brechen, nutzte Konstantin geschickt die Gelegenheit und ließ sich auf das Bündnisangebot Maximians ein. Der alte Kaiser gab ihm Ende 307 in Trier oder in Arles seine noch sehr junge Tochter Fausta zur Frau. Ob Konstantin hierfür seine erste Frau Minervina verstoßen mußte oder ob diese schon gestorben war, ist nicht bekannt. Das Heiratsbündnis war für Konstantin deshalb so interessant, weil ihm nun von Maximian der Titel eines Augustus verliehen wurde, den ihm Galerius verweigert hatte. Da es keine festen staats- oder verfassungsrechtlichen Normen gab, war schnell ein Legitimierungsmuster gefunden, das unabhängig von Galerius, aber im Einklang mit der tetrarchischen Ideologie die Stellung Konstantins in der Hauptsache mit seiner mehrfachen Einbindung in die Dynastie der Herculier begründete: Der «senior Augustus» Maximian Herculius habe, so heißt es in einer zeitgenössischen, anläßlich der Hochzeit von Konstantin und Fausta vorgetragenen Rede, 305 gar nicht wirklich abdanken können, da Jupiter ihm die Herrschaft «nicht leihweise, sondern auf ewig»[53] übertragen habe. Aus diesem Grunde sei Maximian als Augustus auch immer noch berechtigt, einen neuen Kaiser zu erheben. Dazu eigne sich aber keiner besser als der leibliche Sohn seines Caesars Constantius, der durch die Heirat mit Fausta zum Schwiegersohn Maximians geworden war.

Nach Italien zurückgekehrt, überwarf sich der alte Kaiser mit seinem Sohn Maxentius. Maxentius scheint in den Vereinbarungen zwischen Maximian und Konstantin keine Rolle gespielt zu haben. Jedenfalls wird er in der eben erwähnten Rede, in der die Hochzeit von Konstantin und Fausta gefeiert wird, nicht einmal mit einer Grußadresse bedacht, sondern es wird der Eindruck erweckt, Maximian allein habe Rom aus dem Chaos gerettet. In der Zwischenzeit hatte aber das Selbstbewußtsein des Maxentius gewaltig zugenommen. Galerius hatte nämlich beim Versuch, Severus zu befreien, eine empfindliche Blamage hinnehmen müssen. Als er bei seinem Angriff gegen Maxentius bis unmittelbar vor die seit Aurelian (270–275) stark befestigte Stadt Rom gelangt war, hatten die eigenen Soldaten wenig Interesse an einer langwierigen Belagerung gezeigt und schon Anstalten gemacht, ihren Oberkommandierenden in der gleichen Weise wie Severus zugunsten des Maxentius im Stich zu lassen. So hatte Galerius gezwungenermaßen Italien in letzter Minute fluchtartig geräumt, nachdem Severus bereits bei der Nachricht von seiner Ankunft erdrosselt worden war. Maxentius sah nach diesem Erfolg keinen Grund mehr, seinen Vater in irgendeiner Form an der Macht zu beteiligen. Als sich Maximian darüber vor einer Versammlung von Soldaten und einigen

45

Die Aurelianische Mauer in Rom, nach den Alamannen- und Juthungeneinfällen von 259, 269 und 271 errichtet. Die Mauer wurde in der Regierungszeit des Honorius (395–423) aufgestockt, unter Maxentius hatte sie vermutlich nur die halbe Höhe.

Zivilisten, die das Volk von Rom darstellen sollten, beschwere, kam es zu einer Szene zwischen Vater und Sohn, in der der alte Kaiser dem Maxentius den Purpur von den Schultern riß. Vor der Wut der Soldaten, die zu Maxentius hielten, konnte sich Maximian nur noch durch die eilige Flucht zu seinem Schwiegersohn Konstantin retten, der ihn mit mehr Respekt behandelte, ohne seinerseits zu einer Machtteilung bereit zu sein.

Galerius war mit seinen Versuchen, das durch den Tod des Constantius in Unordnung geratene tetrarchische System wiederherzustellen, völlig gescheitert und wandte sich nun an den Gründungsvater Diokletian selbst. Auch Maximian hatte bereits seinen Kollegen in einem Brief aufgefordert, wieder gemeinsam mit ihm die Kaiserherrschaft zu übernehmen. Diokletian lehnte dieses Ansinnen ab. Dabei leiteten ihn wohl kaum die weisen Erwägungen eines Candide, die ihm ein später Autor in den Mund legt: «Oh wenn ihr doch in Salona [Split] das Gemüse sehen könntet, das ich mit eigenen Händen gepflanzt habe, ihr würdet niemals meinen, eine solche Sache anstreben zu müssen.»[54] Vielmehr wollte er nicht im politischen Tagesgeschäft die Aura seiner Entrückung ein-

46

büßen. Aber um sein Lebenswerk zu retten, ließ er sich dazu bewegen, mit seinem Schwiegersohn Galerius in Carnuntum (Petronell/Deutsch-Altenburg bei Wien) zusammenzutreffen, um die zerfallende Tetrarchie neu zu organisieren. Er ordnete an, daß Maximian, der im Verlauf der Konferenz zu den beiden Kaisern kam, sich wieder in das Privatleben zurückziehen sollte. Dessen Maßnahmen, insbesondere die Erhebung Konstantins zum Augustus, wurden rückgängig gemacht. Statt Konstantin, der Caesar bleiben sollte, erhob Diokletian am 11. November 308 einen älteren Offizier, nämlich Licinius, zum Augustus des Westens. Ferner erhielt die Tochter Diokletians und Gemahlin des Galerius, Galeria Valeria, den protokollarischen Titel einer Augusta, was die enge Bindung des Galerius an den «senior Augustus» Diokletian betonen und seinen Vorrang in dem neuen Mehrherrschaftssystem bekräftigen sollte.

Kaiser Licinius. Mittelmedaillon einer silbernen Largitionsschale

Die erhoffte Stabilisierung des tetrarchischen Systems vermochte die Konferenz aber nicht zu leisten. Licinius hatte kaum die Machtmittel, um, wie vorgesehen, Maxentius zu beseitigen und die ihm in der Konferenz zugewiesenen Territorien einzunehmen. Er mußte sich mit einem kleinen Gebiet begnügen, das ihm Galerius fürs erste überlassen hatte und das Raetien, Noricum und Pannonien umfaßte. Konstantin wiederum war nicht bereit, seine Zurückstufung zum Caesar anzuerkennen. Als kurz nach der Konferenz von Carnuntum auch noch Maximinus Daia für sich den Augustustitel forderte, versuchte es Galerius mit einem Kompromiß, indem er Konstantin und Maximinus den Titel von «Söhnen der Augusti», nämlich der Augusti Galerius und Licinius, einräumen wollte. Damit hatte er natürlich keinen Erfolg und war schließlich sogar bereit, die Gleichrangigkeit der beiden ehemaligen Caesares anzuerkennen. So gab es um 310 vier legitime Augusti, daneben aber noch zwei nicht anerkannte Usurpatoren, nämlich Maxentius und Domitius Alexander, der sich 308 in Afrika gegen Maxentius erhoben hatte.

Im selben Jahr sollte eine weitere Usurpation hinzukommen. Maximian hatte sich nach der Rückkehr von Carnuntum in Arles aufgehalten, das neben Trier die wichtigste Residenz Konstantins war. Konstantin hatte dort eine größere Anzahl von Truppen bei seinem Schwiegervater zurückgelassen, als er selbst an der Rheingrenze operieren mußte. Von diesen Truppen ließ sich Maximian erneut zum Augustus ausrufen. Kaum hatte Konstantin die Nachricht vom Putschversuch seines Schwiegervaters erhalten, eilte er über die Saône und das Rhônetal sofort nach Arles. Maximian hatte gegen ihn nur noch eine Chance, wenn es ihm gelang, seinen Sohn zum Bürgerkrieg gegen Konstantin zu bewegen. Daher hatte er sich in der Zwischenzeit in das stark befestigte Marseille zurückgezogen, in der Absicht, den Hafen für eine Invasion durch Maxentius offenzuhalten.

Konstantin konnte den Hafen sofort erobern, kam aber mit der Belagerung der Stadt selbst zunächst nicht voran. Während der eingeschlossene Maximian nun von der Stadtmauer mit Konstantin verhandelte, öffneten freilich Soldaten, die die Aussichtslosigkeit ihrer Sache erkannten, die Stadttore. Nachdem Maximian gezwungenermaßen den Freitod durch Erhängen gewählt hatte, wurde das Andenken des alten Kaisers, der immerhin der Vater der Gemahlin Konstantins war, zunächst relativ schonend behandelt. Maximian galt nicht als tyrannischer Bösewicht, sondern als ein unter einem unglücklichen Stern geborener und verwirrter Mann. Allerdings konnte Konstantin nun kaum mehr seine Herrschaft dadurch legitimieren, daß sein Vater und er selbst ihr Kaisertum von Maximian erhalten hatten. Ein unbekannter Zeitgenosse, der unmittelbar, nachdem Konstantin von seinem Feldzug gegen Maximian zurückgekehrt war, eine Lobrede halten durfte, formulierte die eilige Lösung, die die höfischen Kreise für das Legitimationsproblem gefunden hatten: «Ich beginne also mit dem ersten göttlichen Wesen, von dem du abstammst. Die meisten wissen vielleicht noch nichts von ihm, diejenigen aber, die dich lieben, kennen es sehr wohl. Von deinen Vätern her stammst du nämlich von jenem zum Gott gewordenen Claudius ab, der als erster die schon aufgelöste und zugrunde gerichtete Ordnung des römischen Reichs wiederherstellte und der ungeheure Scharen von Goten, die aus den Meerengen des Pontus und aus der Mündung der Donau hervorgebrochen waren, zu Lande und zu Wasser vernichtete.»[55] Über Claudius Gothicus wußte man um 310 wegen seiner kurzen Regierungszeit von nicht einmal zwei Jahren (268–270) wohl kaum mehr etwas Konkretes, und so war dieser Kaiser sehr geeignet, für eine dynastische Erfindung benutzt zu werden, die demonstrieren sollte, daß bereits der Vater Konstantins ganz unabhängig von den Tetrarchen ererbte Herrschaftsrechte besaß: «Ja sogar deinen Vater selbst brachte jener alte Vorrang eines kaiserlichen Hauses an die Spitze, so daß du schon auf der höchsten Stufe und oberhalb des Loses gewöhnlicher Menschen stehst, da du nach zwei Kaisern aus deiner Familie jetzt der dritte Imperator bist.»[56] Den Kaiserkollegen gab damit die konstantinische Propaganda deutlich zu verstehen, daß sie nur vom Glück begünstigte gewöhnliche Sterbliche waren, während Konstantin allein das Kaisertum aufgrund seiner Abstammung

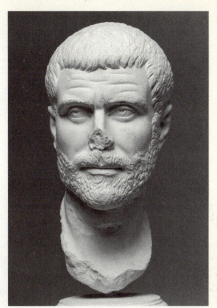

Claudius Gothicus.
Nach einem Gipsabguß
im Archäologischen
Institut Göttingen.
Original in Worcester,
Mass., Art Museum

zustand: «Unter allen Teilhabern an deiner Majestät hast du dies als Vorzug, daß du als Kaiser geboren bist und daß der Adel deiner Abstammung so groß ist, daß die Kaisermacht dir nichts an Ehrenrang hinzufügt und daß die Glücksgöttin deinem göttlichen Wesen nicht das anrechnen kann, was schon dein ist.»[57] Offenkundig kam es der höfischen Umgebung Konstantins darauf an, schon den propagandistischen Kampf auf die inneren Auseinandersetzungen vorzubereiten, mit denen man nach dem für 312 vorgesehenen Rücktritt des Galerius rechnen konnte.

Vermutlich wußte man um 310 sogar schon von der schweren Erkrankung des ranghöchsten Kaisers. Denn Galerius litt ein ganzes Jahr in seiner Residenzstadt Serdica (Sofia) an einer Krebserkrankung im Bereich der Genitalien, der er schließlich im Frühjahr 311 erlag. Den Krankheitsverlauf hat Laktanz mit allen abstoßenden Details und mit sadistischer Präzision beschrieben. Denn die christlichen Zeitgenossen verstanden das Leiden des Kaisers als himmlische Vergeltung für dessen Christenverfolgung. Diese Interpretation wurde dadurch gefördert, daß der schwerkranke Galerius Ende April 311 ein Toleranzedikt für die Christen erließ, das als spätes Zeichen der Reue erscheinen konnte. In Wirklichkeit zog Galerius mit dem Toleranzedikt nur die Konsequenz daraus, daß nicht einmal drei Jahre nach der erfolglosen Konferenz von Carnuntum jede Hoffnung auf eine Weiterführung der tetrarchischen Ordnung verloren-

Kaiser Galerius. Detail eines Bauornaments vom Galerius-Palast in Thessaloniki

gegangen war. In dieser Situation war die Christenverfolgung gerade für die Herrscher der Reichsteile, in denen eine große Zahl von Christen lebte, das heißt also für ihn bzw. seinen mutmaßlichen Nachfolger sowie für seinen Neffen Maximinus Daia, nicht ungefährlich. Denn in den sich abzeichnenden Bürgerkriegen mußten gerade sie die Illoyalität eines großen Bevölkerungsanteils fürchten. Aus diesem Grunde hielt Galerius die Christenverfolgung, auf deren prinzipielle Richtigkeit er noch einmal hinwies, taktisch nicht mehr für opportun und versuchte, durch Toleranz die Loyalität der Christen zu gewinnen, indem das Heil des Kaisers nun nicht mehr nur durch die Verehrung der alten Götter, sondern auch durch den christlichen Kult erfleht werden sollte.

Um das Erbe des Galerius, der als Augustus über den Balkan und Kleinasien geherrscht hatte, stritten sich Licinius und Maximinus Daia. Licinius gelang es endlich, die Herrschaft über eine seiner Augustuswürde entsprechende Landmasse zu gewinnen und die gesamte Balkanhalbinsel für sich zu behaupten. Maximinus Daia hatte dagegen Kleinasien besetzt, beanspruchte darüber hinaus aber mit dem ersten Rang in der Samtherrschaft auch weitere Territorien für sich. Die Heere beider Kaiser standen sich schon drohend am Bosporus gegenüber, als Maximinus Daia, der seine Herrschaft in Kleinasien erst festigen mußte, sich darauf einließ, vorläufig den Besitz des Galerius zu teilen. Offiziell war das kollegiale Verhältnis zwischen den beiden Kaisern wiederhergestellt, und in den Inschriften des Licinius wurde Maximinus Daia respektvoll als ranghöchster Augustus anerkannt. Aber jeder wußte, daß die Entscheidung damit nur verschoben worden war. Im neuen Kollegium der drei «legitimen» Kaiser hatte allein Konstantin angesichts des bevorstehenden neuen Konflikts zwischen seinen Kollegen die Freiheit, unter verschiedenen Bündniskonstellationen wählen zu können. Er bot dem Licinius seine Halbschwester Constantia als Gemahlin an, brach deshalb aber noch nicht mit Maximinus, so daß Licinius sich im Ernstfall nicht auf die Unterstützung oder auch nur auf die Neutralität Konstantins verlassen konnte. Maximinus wiederum mochte zwar zu Recht glauben, daß das projektierte «Heiratsbündnis der beiden Kaiser gegen ihn geschlossen wurde»[58], konnte aber die einzige Möglichkeit, die ihm blieb, nämlich sich seinerseits mit dem Usurpator Maxentius zu verbinden, nicht ohne weiteres ausspielen. Denn eine Anerkennung des verfemten Herr-

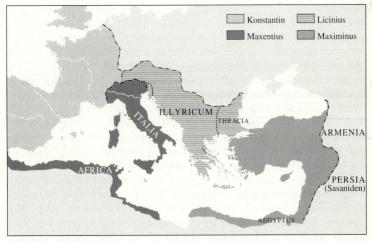

Die Aufteilung des Reichsterritoriums Anfang 312. Die Reichsteile des Maxentius und des Maximinus berührten sich lediglich in der nordafrikanischen Wüste. Licinius kontrollierte auch das administrativ zu Italien gehörende Istrien. Die räumliche Aufteilung nimmt in einigen Zügen die spätantiken Großpräfekturen vorweg. Der Reichsteil Konstantins entspricht ungefähr der Präfektur Galliae (hinzu kommt Mauretania Tingitensis), die Reichsteile des Maxentius und des Licinius zusammen etwa der Präfektur Italia, Illyricum, Africa, der Reichsteil des Maximinus der späteren Präfektur Oriens, zu der allerdings auch die Diözese Thracia gehörte.

Gedenkmünze des Maxentius
für seinen Vater Maximian, ca. 310/311.
Privatsammlung

schers wäre von den Kollegen als offene Kriegserklärung verstanden worden und hätte darüber hinaus das tetrarchische System, auf das er seine Legitimität gründete, in Frage gestellt. Auch gab es schon angesichts der geographischen Lage der von beiden Kaisern beherrschten Reichsteile keine realistischen Möglichkeiten zu einem gemeinsamen Vorgehen. Von Konstantin war entschlossenes und zügiges Handeln gefordert, solange Maximinus und Licinius sich gegenseitig lähmten. Auf die Dauer mußte im Osten eine Entscheidung fallen, und Konstantin hätte dann dem aus dieser Entscheidung siegreich hervorgegangenen Konkurrenten machtlos gegenübergestanden. Um in der auseinanderbrechenden Mehrherrschaft seine Stellung halten und politisch überleben zu können, beschloß Konstantin spätestens Anfang 312, trotz der erheblichen Risiken – die Rheingrenze mußte von einem Teil ihrer Verteidiger entblößt werden – den kriegerischen Konflikt mit Maxentius zu suchen, auf den er sich bereits seit 310 durch Straßenbaumaßnahmen in den Alpen vorbereitet hatte. Die meisten Quellen verschweigen, unbeschadet ihrer stark für Konstantin eingenommenen Tendenz, keineswegs, daß Konstantin der Angreifer war, begründen dies allerdings mit der Sorge Konstantins um die Geschicke der Hauptstadt, die den wüsten Tyrannenlaunen des Maxentius ausgeliefert gewesen sei. Nur bei Laktanz beginnt Maxentius aus freien Stücken den Krieg, indem er offen die Absicht erklärt, den Tod seines Vaters, für den Konstantin in der Tat verantwortlich war, zu rächen. Zosimos weiß sogar von Plänen des Maxentius, den Rachekrieg von Raetien aus zu führen. Aber vermutlich genügte es Maxentius in Wirklichkeit schon, sich durch propagandistische Aktionen als Rächer seines Vaters zu profilieren, ohne daß er über die bloße Geste hinaus ernste Absichten hatte, Konstantin anzugreifen. Für ihn war es nämlich am günstigsten, in Italien die sich abzeichnenden Konflikte zwischen den drei Mitregenten des zerbrechenden tetrarchischen Systems mit ihren möglichen Bündnisoptionen abzuwarten und nach dem Muster der Kämpfe gegen Severus und Galerius kommende Invasionen einfach an den Festungen Italiens sich totlaufen zu lassen. Seine Verteidigungsposition war dabei besser als je zuvor, weil er seit 310, nach dem Sieg über Domitius Alexander, Italien wieder mit afrikanischem Getreide versorgen und weil er mit dem Ende der Usurpation in Afrika nun eine größere Zahl von Soldaten seiner ansehnlichen italienischen Streitmacht zuweisen konnte, die er in stark befestigte Städte gelegt hatte.

Im Frühjahr 312 fiel Konstantin mit einer schlagkräftigen mobilen Elitetruppe gallischer und germanischer Soldaten über die Paßstraße am Mont Genèvre in Oberitalien ein. Der Prätorianerpräfekt Ruricius Pompeianus, der die Truppen des Maxentius in Oberitalien kommandierte, hatte in Segusio (Susa) ein größeres Kontingent stationiert, um Konstantin den Weg vom Alpental in die Poebene abzusperren. Die Besatzung hatte aber offenkundig noch nicht so früh mit der Ankunft Konstantins gerechnet, und Susa wurde im Handstreich genommen. Vor Turin wurde Konstantin von einer großen feindlichen Armee erwartet. Ihr Kern war die Truppe der Clibanarier oder Cataphracten, von Kopf bis Fuß mit einem dichten Panzer bekleidete Reiter. Sie galten, wie die Lobredner Konstantins unterstrichen, als unbesiegbar. Konstantin überwältigte aber diese Spezialtruppe, indem er zunächst seine Reihen öffnete, die Panzerreiter hindurchpreschen ließ und so den gefürchteten Zusammenstoß vermied. Dann wurden die Clibanarier von beiden Seiten durch schwere Keulenschläge außer Gefecht gesetzt. Konstantin konnte Turin und Mailand einnehmen und traf nach einer weiteren Schlacht bei Brescia schließlich vor Verona ein. Nach zähen Kämpfen fiel dort der Prätorianerpräfekt, und das oberitalienische Heer des Maxentius wurde gefangengenommen. Die Verteidiger von Aquileia übergaben kurze Zeit später freiwillig Konstantin die wichtige Festung, die die Straße nach Emona (Ljubljana) und damit nach Illyricum kontrollierte. Das war deshalb besonders wichtig, weil nunmehr Licinius nicht ohne weiteres als lachender Dritter in Oberitalien einfallen konnte. Die erste Phase des Krieges war erfolgreich abgeschlossen. Konstantin hatte seine rückwärtigen Linien gesichert und konnte nun daran denken, Maxentius selbst anzugreifen.

Maxentius hatte sich in Rom hinter den Aurelianischen Mauern eingeschlossen. In der Absicht, Konstantin den Vormarsch bis zur Stadt zu erschweren, hatte er den Befehl gegeben, einen Bogen der Milvischen Brücke herausbrechen zu lassen, die Rom mit der in den Norden führenden großen Straße, der Via Flaminia verband. In Rom selbst waren ausreichende Vorräte gelagert worden. Maxentius konnte so eine lange Belagerung durchstehen und hoffen, die Truppen Konstantins in ähnlicher Weise zu demotivieren, wie es ihm schon bei dem Angriff des Galerius Ende 307 gelungen war. Warum Maxentius nicht bei diesem Konzept geblieben ist, sondern sich plötzlich dazu entschloß, Konstantin außerhalb von Rom entgegenzutreten, haben sich bereits die Zeitgenossen gefragt. Möglicherweise waren Maxentius aufgrund von Berichten seiner Ge-

Rom. Die Milvische Brücke

heimpolizei plötzlich Zweifel am eindeutigen Rückhalt in der Stadtbevölkerung gekommen. Maxentius hatte sich zwar mit ehrgeizigen Bauprojekten, wie seiner riesenhaften Basilika, um Popularität bemüht; aber eine zuverlässige stadtrömische Chronik aus dem Jahre 354 berichtet über große Unruhen während der Zeit, als Rom wegen der afrikanischen Usurpation des Domitius Alexander nicht mit Getreide versorgt werden konnte.[59] Im Verlauf dieser Unruhen sollen die Soldaten des Maxentius nach dem Mord an einem moesischen Soldaten, der wohl zur Leibgarde des alten Maximian gehörte und nach dem Ende des Severus unter Maxentius diente, 6000 Römer getötet haben. Auch wenn man dieses Gemetzel vergessen haben sollte, mußte allein schon die 312 noch forcierte Konzentration einer so großen Zahl von Soldaten zu ständigen Konflikten mit der Zivilbevölkerung führen, und angeblich kam es im Circus sogar schon zu spontanen Sympathiebekundungen für Konstantin. Die Illoyalität der eigenen Bevölkerung war aber bei antiken Belagerungen immer ein wichtiger Faktor, den man in Rechnung stellen mußte. Denn gerade bei einem so riesigen Mauerumfang, wie ihn Rom hatte, gab es viele Möglichkeiten zum Verrat. Neben diesen rationalen, vermutlich durch aktuelle Situationsberichte aus der Stadt veranlaßten Überlegungen könnte auch ein abergläubisches Motiv eine gewisse Bedeutung für die Entscheidung gehabt haben, doch noch eine Schlacht zu wagen. Am 28. Oktober feierte Maxentius nämlich sein sechsjähriges Regierungsjubiläum, und solche Jubiläen wurden als besonders glücksverheißend betrachtet. Daneben spielten auch heidnische Orakel bei der Entscheidung des Maxentius eine – wenn auch unklare – Rolle.

Über den genauen Verlauf der berühmten Schlacht an der Milvischen Brücke ist nur wenig bekannt, da die meisten Quellen sich nur mit dem dramatischen Ende des Maxentius in den Fluten des Tiber beschäftigen. Dabei erwecken sie den Eindruck, als habe Maxentius von Anfang an seine Truppen am Tiberufer aufgestellt, und zwar mit dem Rücken zum Fluß: «Wir glauben nämlich», so heißt es in einer 321 vor Konstantin gehaltenen Lobrede, «daß weder Zufall noch Zuversicht ihn dazu hätten bewegen können, freiwillig sein Heer herauszuführen, gegen denjenigen, bei dem ihn schon das Geräusch seiner Ankunft zutiefst erschauern ließ, wenn nicht ein ihm feindlicher Gott und die herangerückte Stunde seines Verderbens seinen schon durch Furcht verwirrten Geist dazu getrieben hätte. Schon die Art und Weise, sein Heer aufzustellen, zeigte, daß er seinen Verstand verloren hatte und zur klaren Planung nicht in der Lage war. Denn er suchte einen Ort für den Kampf aus, der ihm die Fluchtmöglichkeit abschnitt und die Notwendigkeit zu sterben auferlegte, da er ja ohnehin keine Chance hatte, zu siegen [...]. Er stellte also am Tiber seine Leute so auf, daß die todbringende Woge die Schritte der letzten

Die Schlacht an der Milvischen Brücke.
Relief an der Südfront des Konstantinsbogens in Rom

Piero della Francesca: Die Schlacht an der Milvischen Brücke. Fresko in San Francesco, Arezzo, um 1455. Links mit seinem Heer Kaiser Konstantin, das Kreuz in der Hand, rechts die fliehenden Truppen des Maxentius.

Reihe umspülte, gleichsam als Vorzeichen der zu erwartenden Niederlage.»[60] Träfe dies zu, hätte Maxentius in der Tat seine völlige Unfähigkeit für das militärische Handwerk bewiesen. Eine erst aus dem Jahre 361 stammende Angabe des Historikers Aurelius Victor erlaubt die Annahme, daß Maxentius nicht ganz so kopflos und panisch vorging. Victor lokalisiert nämlich die eigentliche Schlacht bei den «Roten Felsen» (Saxa Rubra)[61], die 13 Kilometer nördlich der Milvischen Brücke liegen, und berichtet dann von weiteren Kampfhandlungen an der Brücke selbst. Der auf der Via Flaminia nach Rom vorrückende Konstantin sollte entweder bei den Saxa Rubra schon abgefangen werden, oder aber sein Durchbruch wurde bewußt in Kauf genommen, um eine Umfassung zu ermöglichen. Denn die Milvische Brücke war vermutlich mit einer Holzkonstruktion versehen worden, die den abgebrochenen Bogen der Brücke ersetzte und rasch wieder entfernt werden konnte. Ebenso rasch konnte die Schiffsbrücke unterbrochen werden, von der viele Quellen berichten und die neben der Milvischen Brücke gebaut worden war, um einer größeren Truppenzahl die Überquerung des Tiber zu erlauben. Im günstigsten Fall wäre Konstantin nach diesem Plan im Süden von der Festung Rom und dem Tiber, im Norden von den Truppen bei Saxa Rubra eingeschlossen gewesen. Aber die Schlacht nahm einen ganz anderen

Verlauf. Konstantin konnte ohne weiteres das Aufgebot bei Saxa Rubra aufreiben, das nun in panischer Flucht sich bis zur Milvischen Brücke zu retten suchte. Vielleicht entschied sich Maxentius erst jetzt, in eigener Person mit seinen Elitetruppen Rom zu verlassen, um den Flußübergang für seine Soldaten offenzuhalten und einen geordneten Rückzug in die Festung Rom zu ermöglichen. Den frischen Truppen gelang es aber nicht, die Ordnung wiederherzustellen, vermutlich weil Konstantin zum gleichen Zeitpunkt wie die Fliehenden am Tiber eintraf. Nun versuchte das gesamte Heer des Maxentius, sich in völliger Auflösung über den Fluß in die Stadt zu retten. Bei dem beispiellosen Gedränge stürzte auch Maxentius selbst mit seinem Pferd in den Tiber und kam um. Damit war der Krieg entschieden.

Der Bogen von Malborghetto. Vermutlich schlug Konstantin an diesem Ort vor der Schlacht an der Milvischen Brücke sein Lager auf und ließ später dort zur Erinnerung einen Bogen errichten.

# Die Religionspolitik nach 312

Ein großer Teil seines militärischen Stabs hatte Konstantin von dem riskanten Einfall nach Italien und der Fortsetzung des Feldzugs bis vor die Tore Roms abgeraten, hatte man doch noch die gescheiterten Invasionen des Severus und des Galerius vor Augen. Daß Konstantin nun einen so brillanten und eindeutigen Erfolg erzielt hatte, war eine große Überraschung, und man zögerte nicht, diesen Erfolg mit dem Einsatz überirdischer Mächte zu erklären. Die christliche Erklärungsversion, die vielleicht von der kleinen Gruppe der im Heere Konstantins dienenden christlichen Soldaten verbreitet wurde, entwickelte sich dabei rasch zur Legende von der Vision Konstantins.[62] Kristallisationspunkt der Legende war die Tatsache, daß den Soldaten Konstantins am Morgen des 28. Oktober 312 im Feldlager bei Malborghetto, unmittelbar vor der von allen erwarteten Schlacht, befohlen wurde, ihre Schilde mit magischen Lichtsymbolen zu bemalen, wobei auch ein praktischer Grund eine Rolle gespielt haben kann, nämlich die Unterscheidung von den gleichfalls in römischer Weise ausgerüsteten Soldaten des Maxentius. Christlichen Symbolwert hatten diese kreuz- oder sternförmigen Zeichen, die noch von der germanischen Leibgarde des Kaisers Arcadius (395–408) auf ihren Schilden getragen wurden, ohne Zweifel nicht. Aber für Christen, die den erfolgreichen Kaiser als einen der Ihren sahen, lag eine christliche Interpretation nahe. So berichtet der Zeitgenosse Laktanz, Konstantin habe auf Befehl Gottes ein Symbol anbringen lassen, das aus den ersten beiden Buchstaben des griechisch geschriebenen Namens Christi, nämlich «Chi» und «Rho», geformt gewesen sei: «Im Schlaf wurde Konstantin ermahnt, die Schilde mit dem himmlischen Zeichen Gottes zu kennzeichnen und so die Schlacht zu beginnen. Er tat dies, wie ihm befohlen wurde, und, indem er den Buchstaben X drehte und die obere Spitze des Buchstabens umbog, schrieb er abkürzend ‹Christus› auf die Schilde.»[63] Laktanz meint hier zweifellos ein monogrammatisches Kreuz oder Staurogramm ⳨, das in der späteren konstantinischen Propaganda freilich nicht belegt ist. Entweder hat er die christliche Interpretation ✶ des sternförmigen Zeichens ✶ oder ✶ im Sinne der Abkürzungsform mißverstanden, die ihm selbst für den Christusnamen geläufig war. Oder

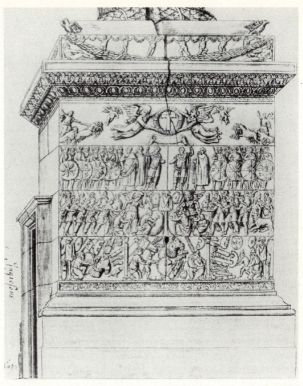

Die Basis der Arcadiussäule in Konstantinopel/Istanbul. Zeichnung aus der 2. Hälfte des 16. Jahrhunderts. Das zweite Reliefband von oben zeigt die Leibgarde des Kaisers mit ihren Schilden.

aber es wurden 312 tatsächlich vier- und sechsstrahlige Zeichen nebeneinander gebraucht.

Ob man in der Angabe des Laktanz, das Zeichen Gottes sei «himmlisch» gewesen, allein schon eine Anspielung auf die christliche Kreuzerscheinung am Himmel erkennen kann, scheint fraglich. Eindeutig zu belegen ist die christliche Legende der Kreuzerscheinung jedenfalls erst für einen viel späteren Zeitpunkt (um 338), nämlich in der detaillierten Schilderung aus der Konstantin-Vita Eusebs: «Als der Kaiser nun darum [nämlich um ein Zeichen Gottes] bat und reichlich flehte, da erschien ihm ein überaus unerwartetes Gotteszeichen, das man vielleicht, wenn ein anderer gesagt hätte, nicht leicht akzeptieren würde. Da es aber der siegreiche Kaiser uns bei der Niederschrift später in langen Stunden, als

59

Sarkophagrelief, um 500. Das Christogramm ist als sechsstrahliger Stern gestaltet. Istanbul, Archäologisches Museum

wir seiner Bekanntschaft und seiner Gesellschaft gewürdigt worden waren, verkündet und er mit Eiden seine Rede bekräftigt hatte, wer dürfte da sich mit Stärke wappnen, diesen Ausführungen nicht zu glauben? Zumal ja auch die Zeit nach diesem Ereignis dem Wort ein wahrhaftiges Zeugnis ausstellte. *Um die mittägliche Stunde der Sonne, als der Tag bereit war, sich zu neigen, da,* so sagte er, *habe er mit eigenen Augen am Himmel selbst über der Sonne ein aus Licht gebildetes Siegeszeichen des Kreuzes erblickt, und ferner sei diesem Zeichen eine Schrift beigefügt gewesen, welche sagte: ‹Durch dieses siege›. Ein Erschrecken habe aber wegen dieser Vision ihn und das ganze Heer ergriffen, welches ihn, als er gerade irgendwohin auf dem Marsch war, begleitet hatte und so Zuschauer des Wunderzeichens geworden war.»*[64]

Es besteht kein Grund, daran zu zweifeln, daß der Bischof tatsächlich diesen Bericht aus dem Munde Konstantins gehört hat. Aber Euseb war nicht der enge bischöfliche Vertraute des Kaisers, als den er sich gerne selbst darstellt, und er ist dem Kaiser wohl nur bei wenigen Gelegenheiten persönlich begegnet. Dementsprechend ist der Visionsbericht nicht der intime Bericht eines Damaskuserlebnisses, sondern ein hochoffizielles Stück kaiserlicher Selbstdarstellung, das Euseb wohl einer Ansprache des Kaisers, etwa anläßlich der Feierlichkeiten zu seinem dreißigsten Regierungsjubiläum, entnommen hat. Daß dabei die ganze Erzählung in auffälliger Weise daran orientiert ist, die mit dem Christogramm geschmückte Kaiserstandarte, das sogenannte Labarum, als ein von Gott selbst gestiftetes Feldzeichen auszugeben, geht aus dem komplizierten Übergang zwischen eigentlicher Vision und der Anfertigung des Feldzeichens hervor. Christus selbst muß nämlich dem schlafenden Konstantin die Bezüge zwischen dem am Himmel erschienenen Kreuz und dem Feldzeichen erklären: «*Und da sei er [...] bei sich unschlüssig gewesen, was dieses Wunderzeichen denn bedeute. Als er nun darüber nachgedacht und noch lange Zeit Überlegungen angestellt habe, sei die Nacht hereingebrochen. Nach dem Einschlafen sei ihm im Traum der Gesalbte des Herrn zusammen mit dem im Himmel erblickten Zeichen erschienen und habe ihn aufgefordert, ein Abbild des im Traum erblickten Zeichens herzustellen und dieses Heilmittel gegen die Angriffe der Feinde zu verwenden. Als er sich bei Tagesanbruch erhob, offenbarte er den Freunden das Geheimnis. Und dann ließ er Handwerker rufen, die die Verarbeitung von Gold und Edelsteinen beherrschten, setzte sich selbst unter sie, beschrieb ihnen die Gestalt des Wunderzeichens und befahl ihnen, sie mit Gold und Edelsteinen nachzubilden.»* [65]

In bildlicher Darstellung ist das Labarum erst für 327/328 zu belegen, und zwar genau in der Form, in der es im Anschluß an die Visionserzählung ausführlich von Euseb beschrieben wird, nämlich mit dem Porträt des Kaisers und seiner Söhne. Zum Zeitpunkt der Schlacht an der Milvischen Brücke, in der das Feldzeichen nach der Visionserzählung schon im Einsatz gewesen sein soll, hatte Konstantin in Wirklichkeit nur einen Sohn. Aber selbst dieser war damals noch nicht Mitherrscher und kann daher kaum auf der Standarte abgebildet gewesen sein. Nun kann man nicht ausschließen, daß Euseb Opfer einer harmlosen Unaufmerksamkeit wurde. Er könnte irrtümlich angegeben haben, Konstantin habe seit 312 das neue christliche Feldzeichen in der späten Gestalt benutzt, während der Kaiser in Wirklichkeit anfangs mit einem anders gestalteten Labarum kämpfte. Aber die einzige Nachricht, die für einen so frühen Zeitpunkt die Existenz des Labarum belegen könnte, ist mit vielen Unsicherheiten behaftet. In seiner Kirchengeschichte berichtet Euseb, daß Konstantin bereits nach seinem Sieg über Maxentius in Rom seine Statue mit dem «Zeichen des heilbringenden Leidens»[66] aufstellen ließ, und zwar auf dem «allerbelebtesten Platz der Stadt»[67], wahrscheinlich in der großen, von Maxentius begonnenen Basilika am Forum. Ob dieses Zeichen aber ein Labarum oder ein anderes, im christlichen Sinne deutbares Attribut (etwa ein Kreuzszepter

Die erste Darstellung des Labarum. Rückseite einer ca. 327/328 in Konstantinopel geprägten Bronzemünze. Die drei Kreise auf dem Fahnentuch stellen Porträtmedaillons des Kaisers und seiner Söhne dar. Die Medaillons konnten auch an der Stange befestigt sein. München, Staatliche Münzsammlung

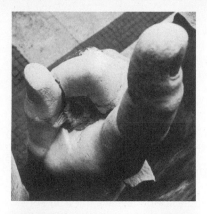

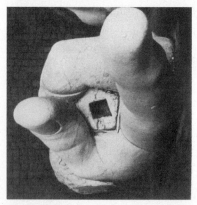

Zwei rechte Hände von gleicher Größe, die nacheinander an der Kolossalstatue Konstantins montiert gewesen sein könnten. Die zweite Hand trug einen stabartigen Gegenstand, der unterhalb der Hand fortgeführt wurde. Rom, Palazzo dei Conservatori

oder ein Vexillum) war, bleibt völlig offen. Ein zusätzliches Problem ergibt sich daraus, daß sich der fragmentarisch erhaltenen Kolossalstatue im Konservatorenpalast, die mit dem von Euseb beschriebenen Standbild identisch sein dürfte, gleich zwei rechte Hände zuordnen lassen. Dieser Tatbestand ist wohl damit zu erklären, daß noch während der Regierung Konstantins die rechte Hand und damit auch die Insignie, die von dieser Hand getragen wurde, ausgetauscht worden ist.

Laktanz ignorierte in seinem Bericht die neue Kaiserstandarte wohl deshalb, weil sie zum Zeitpunkt der Entstehung seiner Schrift noch nicht existierte oder zumindest nicht sehr prominent war. Daß ihm in diesem Punkt einfach wichtige Informationen gefehlt haben sollen, ist nicht anzunehmen. Denn das Feldzeichen war in der römischen Armee ungleich bedeutender als alle Schilddekorationen: «Die ganze Soldatenreligion verehrt Feldzeichen, betet Feldzeichen an, schwört bei den Feldzeichen, zieht die Feldzeichen allen Göttern vor.»[68] Den Kult des Feldzeichens mußte auch Konstantin beibehalten, wenn er auf die Loyalität seiner Soldaten bauen wollte. Aber Götterbilder oder der mit Jupiter verbundene Adler erinnerten Konstantin an die von den Tetrarchen verteidigte polytheistische Religion und kamen für das Feldzeichen der mobilen Kerntruppe nicht mehr in Frage, wenn er auf die Christen Rücksicht nehmen wollte. Als die Spannungen mit Licinius zunahmen und neue Kämpfe abzusehen waren, wählte er deshalb als Bekrönung der Kaiserstandarte das magische Zeichen, das 312 auf die Schilde geheftet worden war und das er selbst als Kokarde auf seinem Helm getragen hatte. Er machte es für die Christen attraktiver, indem die Schlaufe an der senkrechten Linie nun deutlich zum oberen Bogen eines griechischen Rho (P) umgebildet und damit die neue Interpretation als Abkürzung des Namens Christi erleichtert wurde.

Wenn das Labarum erst im Zusammenhang mit dem Konflikt gegen Licinius entstanden ist, erklärt dies, warum Euseb zwar die Anweisung Christi, das Labarum herzustellen, mit den Ereignissen von 312 verbindet, dann aber in auffälliger Ausführlichkeit über die erstaunlichen Wirkungen dieses Feldzeichens in den Kämpfen

Rückseite einer Münze des Usurpators Vetranio, geprägt 350 in Siscia. Der Kaiser mit dem Labarum wird von Victoria bekränzt. Die lateinische Umschrift lautet: «Mit diesem Zeichen wirst du Sieger sein». München, Staatliche Münzsammlung

gegen Licinius berichtet und sich hierbei wieder auf ein Selbstzeugnis des Kaisers berufen kann: *Mitten im Kampfgewühl, als ein gewaltiger Lärm und Schrecken das Heer ergriff [...], geriet einmal der Soldat, der das Feldzeichen über seiner Schulter trug, aus feiger Furcht in Angst und übergab es dann einem anderen, um dem Kampfe entrinnen zu können. Kaum hatte aber dieser das Zeichen genommen, kaum sich der andere seinem Schutz entzogen, als den Fliehenden auch schon ein Wurfgeschoß am Bauch traf und ihn des Lebens beraubte. Während aber dieser seine Angst und Untreue büßen mußte und dort tot liegen blieb, beschützte das heilbringende Zeichen das Leben dessen, der es emporhielt, so daß der Träger von den vielen Geschossen, die auf ihn geschleudert wurden, verschont blieb, da der Schaft des Siegeszeichens die Geschosse auffing.*[69]

Nach der Bewährung im Kampf gegen Licinius verkörperte die Kaiserstandarte die permanente Sieghaftigkeit des mit Christus verbündeten Kaisers und wurde zu einer wichtigen Insignie der neuen christlichen Monarchie. Die große zeitliche Distanz zwischen dem frühen Bericht des Laktanz und der komplizierten spätkonstantinischen Version Eusebs, die ganz von der späteren Prominenz des neuen Feldzeichens geprägt ist, läßt auch die Unterschiede in der Art, in der das Visionserlebnis selbst dargestellt ist, verständlich erscheinen. Euseb erzählt nämlich mit großer Detailfreude, während Laktanz auf die eigentliche Himmelserscheinung kaum eingeht. Die Zurückhaltung des Laktanz dürfte damit zu tun haben, daß das zeitgenössische Lesepublikum sich noch gut an eine propagandistisch gefeierte kaiserliche Vision erinnern konnte, die zum Zeitpunkt, an dem Laktanz seine Schrift publizierte, nur wenige Jahre zurücklag: Als Konstantin nach seinem kurzen Feldzug gegen Maximian aus der Provence nach Trier zurückkehrte, hatte er, wie der anonyme Panegyriker des Jahres 310 berichtet, die Absicht, über einen Umweg einen Apollotempel zu besuchen. Noch bevor er den Tempel erreicht hatte, wurde ihm eine Erscheinung zuteil: «Du hast nämlich, oh Konstantin, wie ich glaube, deinen Schutzgott Apollo gesehen, und zwar in Begleitung der Siegesgöttin. Er reichte dir Kränze aus Lorbeer, von denen jeder einzelne das glückverheißende Zeichen von jeweils dreißig Jahren trägt.»[70] In dieser Vision hat 1931 der belgische Forscher Henri Grégoire das Modell der bekannteren christlichen Version erkennen wollen. Gegen die These Grégoires läßt sich gewiß einwenden, daß die ganze sogenannte heidnische Vision den Eindruck einer offiziösen Erfindung macht, weil das Zahlzeichen im Lorbeerkranz zum Fundus der konventionellen Formensprache imperialer Propaganda gehört. Auch dürfte der Rhetorikprofessor aus Autun, dem man den Visionsbericht verdankt, als leidenschaftlicher Lokalpatriot sich bemüht haben, die Bedeutung gerade eines gallischen Apollotempels, vielleicht des Tempels von Grand in den Vogesen, durch die Einlage einer spektakulären Wundererscheinung zu betonen. Andererseits gibt es aber gewisse Züge im christlichen Visionsbericht, die mit dem Ereignis von 310 in Verbindung gebracht werden können und die vielleicht Grégoire doch recht geben.

Euseb zufolge befand sich Konstantin zum Zeitpunkt der Vision noch in Gallien und war mit seinem Heer gerade «irgendwohin auf dem Marsch»[71]. Das entspricht der Situation von 310, als Konstantin auf dem Marsch von der Provence an die germanische Grenze mit seinem Heer von der großen Heerstraße abbog. Ferner erscheint in der heidnischen Vision von 310 Apollo, der nach den in dieser Zeit wirksamen synkretistischen Vorstellungen mit dem Sonnengott Sol/Helios identisch ist, gemeinsam mit dem lateinischen Zahlzeichen XXX, also mit drei quergestellten Kreuzen. Ganz in Analogie zu diesem Nebeneinander von Sonnengottheit und Kreuzen berichtet auch Euseb,

Votazeichen im Lorbeerkranz. Rückseite einer Bronzemünze (Nummus) zum zehnjährigen Regierungsjubiläum des Licinius, geprägt 313 in Antiochia. München, Staatliche Münzsammlung

daß das Lichtkreuz oberhalb der Sonne während der Mittagszeit erschienen sein soll.

Es gibt ein Naturphänomen, bei dem tagsüber am Himmel neben und über der Sonne Lichtringe und – durch die Überschneidung von Lichtringen – auch Kreuzstrukturen erscheinen können, nämlich ein sogenannter Halo. Die Vision Konstantins auf eine solche, in der Regel sehr eindrucksvolle Haloerscheinung zurückzuführen hätte den Vorteil, daß man die ausdrückliche Aussage Konstantins, er habe dieses Wunder selbst gesehen, nicht auf eine reine Einbildung oder Erfindung zurückführen muß. Allerdings muß man sich vergegenwärtigen, daß in der propagandistischen Selbstdarstellung eines sakral überhöhten Kaisers ständig die direkte Verbindung mit dem Göttlichen betont wurde. Die Schilderung von Visionen war besonders geeignet, diese Verbindung zu beweisen. Wenn der Panegyriker Nazarius über eine Armee «vom Himmel gefallener»[72] Soldaten berichtet, die unter der Führung des vergöttlichten Constantius dem Konstantin zu Hilfe eilen, oder der Chronist Zonaras vom Einsatz zweier überirdischer Jünglinge in der Schlacht von Adrianopel (324) weiß[73], erlaubt dies die Vermutung, daß wohl nur ein Bruchteil der zur Zeit Konstantins zirkulierenden Visionserzählungen überhaupt zu unserer Kenntnis gelangt ist. Dementsprechend kann auch für das solare Wunder von 310 nicht mit Gewißheit entschieden werden, ob ihm wirklich ein Naturphänomen zugrunde lag oder ob es in einem an Wunderberichten reichen Zeitalter frei erfunden worden ist. Gegenüber den wechselnden Visionsdeutungen, die allein etwas von der Religionspolitik des Kaisers verraten, erscheint diese Frage allerdings nur von nachgeordneter Bedeutung. Den ursprünglich nichtchristlichen Wunderbericht mußte Laktanz mit einer extrem knappen Andeutung übergehen, da seine Zeitgenossen die Ereignisse von 310 wohl noch gut kannten und eine christliche Interpretation noch nicht gefunden war. Euseb konnte dagegen eine ausführliche Erzählung bieten, die der Kaiser über zwanzig Jahre nach dem Ereignis überall verbreiten ließ. In diesem Bericht, in dem ein Kreuz in der Mittagszeit über der Sonne erscheint, war der solare Charakter des ursprünglichen Wunders immer noch zu

Sol oberhalb einer kreuzförmigen Struktur. Rückseite einer um 319 in Thessaloniki geprägten Bronzemünze Konstantins. München, Staatliche Münzsammlung

greifen. Doch hatte die Umgebung Konstantins selbst inzwischen eine christliche Interpretation entwickelt, so daß niemand mehr an der Sonnensymbolik Anstoß nehmen konnte.

Die lange und vielschichtige Tradition, von der gerade der Visionsbericht Eusebs gezeichnet ist und die im Kern auf ein zweideutig interpretierbares Sonnenphänomen aus dem Jahre 310 zurückgehen könnte, läßt es nicht zu, die Vision mit einem persönlichen Bekehrungserlebnis Konstantins zu verbinden. Eine «Bekehrung» würde auch voraussetzen, daß Konstantin selbst zugegeben hätte, in den ersten Jahren seiner Regierung noch nicht den richtigen Gott an seiner Seite gehabt zu haben. Zwar scheint ein Brief, den Konstantin an das Konzil von Arles geschrieben hat, tatsächlich in diese Richtung zu weisen: *Es waren nämlich anfangs in mir Dinge, die der Gerechtigkeit zu entbehren schienen, und ich glaubte nicht, daß eine höhere Macht etwas von dem sehen konnte, was ich im Innersten meines Herzens trug. Diese Dinge [...], welches Los hätten sie mir bestimmt? Natürlich ein Los, das voller Übel gewesen wäre. Aber der allmächtige Gott, der in der Warte des Himmels sitzt, ließ mir zukommen, was ich nicht verdiente. Schon kann weder genannt noch aufgezählt werden, was er alles mit seinem himmlischen Wohlwollen mir, seinem Diener, gewährte.*[74] Aber auch wenn man die Echtheit dieses problematischen Dokuments anerkennen will, ist unklar, ob Konstantin hier wirklich von einer Bekehrung spricht. Alle übrigen Selbstzeugnisse zeigen, daß Konstantin wie alle anderen Herrscher dieser Zeit der Auffassung war, daß er selbst zusammen mit seinem Heer stets von göttlichen Mächten begleitet wurde, wobei er in dieser Auffassung durch seine permanenten Erfolge bestätigt wurde. Nur hat er die konkrete Interpretation dieses überirdischen Bundes mehr und mehr christlichen Vorstellungen angepaßt.

Maxentius war kein Christenverfolger, und der Zug Konstantins hatte darum auch nicht den Charakter eines Religionskriegs. Euseb berichtet in seiner Kirchengeschichte von der christlichen Gattin eines Stadtpräfekten, die den Freitod wählt, um sich vor dem zudringlichen Maxentius zu retten, und so durch ihre Tat demonstriert, «daß der Heldenmut der Christen die einzige Kraft ist, die nicht besiegt und nicht zerstört werden kann»[75]. Damit ist aber das Repertoire an Verfolgungsgreueln des Maxentius erschöpft. In Wirklichkeit hat Maxentius das Christentum toleriert und auch gefördert, so daß man sogar in ihm statt in Konstantin den Initiator der großen religionspolitischen Wende sehen wollte.[76] Allerdings hätte Maxentius, wäre er innerlich dem Christentum verbunden gewesen, kaum kurz vor der Entscheidungsschlacht von 312 seine Zuflucht zu Formen altrömischer Religion genommen. Er folgte den Ratschlägen der etruskischen Haruspizin, einer Wahrsagetechnik, in der aus der Leber von Opfertieren Aufschlüsse über die Zukunft gewonnen wurden, und befahl, die Orakelsammlung der Sibyllinischen Bücher einzusehen.

Von dieser altrömischen Religiosität scheint sich Konstantin deutlicher distanziert zu haben. Eine zeitgenössische Lobrede betont überdeutlich, daß Konstantin seine Entscheidungen nur aufgrund seiner eigenen Inspiration und gegen den Rat der (allerdings durchaus konsultierten) Leberschau fällte: «Welcher Gott denn, welche so wirksame Hoheit hat dich dazu aufgemuntert, daß [...] du selbst gegen den Ratschlag der Menschen, gegen die Ermahnung der Haruspices von dir aus verspürtest, daß die Zeit für die Befreiung der Stadt gekommen sei?»[77] Ob diese Distanzierung aber Ausdruck eines persönlichen Bekenntnisses zum Christentum ist, muß umstritten bleiben. Man hat behauptet, Konstantin habe 312 das blutige Opfer, das während des Triumphes auf dem Kapitol dem Jupiter Optimus Maximus dargebracht wurde, demonstrativ und in christlicher Gesinnung abgelehnt. Ausdrücklich bezeugt ist eine solche religiös motivierte Verweigerung des Vollzugs heidnischer Riten allerdings erst für die anläßlich des zwanzigsten Regierungsjubiläums 326 in Rom begangenen Feierlichkeiten. Für 312 wird weder über ein Opfer noch über eine Opferverweigerung berichtet, möglicherweise, weil nach dem Sieg über Maxentius gar kein Triumph stattfand und damit die Notwendigkeit des Gangs zum Kapitol entfiel. Aber auch wenn Konstantin keine Skrupel gehabt haben sollte, über einen Bürgerkriegsgegner zu triumphieren, belegt das Schweigen der Quellen über ein Opfer nicht zwingend eine christliche Motivation. Vielleicht ließ Konstantin zwar das Opfer als notwendige Formalie vollziehen, empfand es aber wegen seiner auch von nichtchristlichen Philosophen kritisierten Blutigkeit als abstoßend und legte keinen Wert auf Publizität, zumal seine gehaßten Vorgänger Diokletian und Maximian ihren Triumph von 303 eben mit dem Opfer für den kapitolinischen Jupiter gekrönt hatten. Das Opfer allgemein bekannt zu machen, hätte in der gespannten Situation, die wenige Jahre nach der Christenverfolgung immer noch herrschte, als Bekenntnis zur tetrarchischen Religionspolitik mit ihrem Opfergebot ausgelegt werden können und die Christen unnötig vor den Kopf gestoßen.

Einige zeitgenössische Äußerungen sind oft in dem Sinne verstanden worden, daß unmittelbar nach 312 sogar den Heiden eine dramatische Veränderung der religiösen Auffassung des Kaisers aufgefallen sein soll, wenn etwa der Panegyriker von 313 ausruft: «Du hast fürwahr, Konstantin, irgendein Geheimnis mit jenem göttlichen Geist, welcher die Sorge für uns den kleineren Göttern überlassen hat und einzig sich dir zu zeigen geruht.»[78] Aber diesen Zeilen ist wohl nicht mehr zu entnehmen, als daß der Kaiser angeblich ebenso mit der wichtigsten göttlichen Macht in direkter Kommunikation stand wie etwa Diokletian zu Jupiter, der in der tetrarchischen Konzeption in unendlicher Erhabenheit die übrigen Vertreter der Götterwelt überragte. Neu ist nur, daß der Panegyriker auf die Benennung dieser höchsten Gottheit verzichtet, doch spricht die Erwähnung von «kleineren Göttern» eher dagegen, daß er wirklich den exklu-

67

Der Konstantinsbogen in Rom

siven christlichen Gott gemeint haben sollte. Im gleichen Tonfall wie beim Panegyriker wird auch in der berühmten Inschrift, die auf dem anläßlich des Siegs über Maxentius errichteten und 315 eingeweihten Triumphbogen zu sehen ist, nur ganz allgemein die Beziehung zwischen einer kaum definierten höchsten Gottheit und der Person des Kaisers betont: «Dem Imperator Caesar Flavius Constantinus, dem größten, frommen, glücklichen Augustus haben Senat und Volk von Rom, weil er auf Eingebung der Gottheit und aufgrund der Größe seiner Gesinnung zusammen mit seinem Heer den Staat am Tyrannen und an seiner Clique gleichzeitig in einem gerechten Waffengang gerächt hat, den durch Triumphe ausgezeichneten Bogen gewidmet.»[79] Der vage Hinweis auf die «Eingebung der Gottheit» läßt den Schluß zu, daß Konstantin in dieser Zeit den christlichen Gott nur als eine mögliche Erscheinungsform eines höchsten Wesens sah. Daß dieses höchste Wesen für ihn auch im Sonnengott in Erscheinung treten konnte, zeigen die Reliefbilder des Bogens mit ihren Darstellungen Sols und die um 313 geprägte große Goldmünze, die den apollinisch schönen Konstantin in einem Doppelbildnis mit seinem göttlichen Begleiter Sol Invictus darstellt. Man kann diese Dinge natürlich auch anders erklären, indem man darauf verweist, daß der heidnische Senat für die Formulierung der Inschrift und für den Dekor des Bogens verantwortlich war und daß in der Münzprägung heidnische Motive aus der starken Fixierung auf traditionelles Formengut zu erklären sind. Völlig überzeugend ist dieser Ausweg aber zumindest für diese Phase der Herrschaft nicht. Konstantin hatte gewiß auf die alten heidnischen Eliten Rücksicht zu nehmen und verzieh nicht nur prominenten Angehörigen der stadtrömischen Aristokratie, daß sie auf seiten des Maxentius gestanden hatten, sondern suchte sie sogar durch die Verleihung weiterer Ehrenstellungen für sich zu gewinnen. Ceionius Rufius Volusianus, der als Prätorianerpräfekt für Maxentius in Afrika den Aufstand des Domitius Alexander niedergeschlagen hatte und 311 Konsul gewesen war, erhielt nicht nur das Amt eines Stadtpräfekten, sondern durfte 314, gemeinsam mit dem Prätorianerpräfekten Petronius Annianus, erneut das Konsulat bekleiden. Man kann aber kaum annehmen, daß die stadtrömische Aristokratie Konstantin gegen seinen Willen Motive eines dem philosophisch gebildeten Heidentum nahestehenden Eingottglaubens aufzwingen konnte. Ohnehin wäre es falsch anzunehmen, daß diese Aristokraten eine geschlossen auf die traditionellen Formen des Heidentums eingeschworene Gruppe darstellten. Opportunismus oder Überzeugung bewogen bald auch prominente Angehörige des Senats, sich zum Christentum zu bekennen. Einer der ersten scheint Ovinius Gallicanus, Konsul des Jahres 317, gewesen zu sein, der vielleicht schon seit dem ausgehenden vierten Jahrhundert als Heiliger verehrt wurde.

Konstantin und Sol. Vorderseite eines Goldmedaillons, um 313 in Ticinum (Pavia) geprägt. Paris, Cabinet des Médailles

Konstantin distanzierte sich von den alten Kulten, deren Konservierung Diokletian mit aggressiven Mitteln erstrebt hatte, und bevorzugte bei der Darstellung seiner Beziehungen zum Überirdischen einen vagen neuplatonischen Eingottglauben, der auch den Christen annehmbar erscheinen sollte. Um auf das Christentum aufmerksam zu werden, bedurfte Konstantin keiner spektakulären Kreuzerscheinung. Denn er konnte nicht umhin, sich von Anfang an für die Gruppe zu interessieren, gegen die Diokletian sein großes Edikt gerichtet hatte. Im Stab des Oberkaisers hatte Konstantin ab 303 Gelegenheit, Zeuge zu werden, *mit welch großer Kraft jene Ehrwürdigkeit der Gottesverehrung Tag für Tag Mißhandlungen durch die unablässige Grausamkeit erdulden mußte*[80]. Als Regent der westlichen Provinzen hatte Konstantin lange vor dem Krieg gegen Maxentius engen Kontakt mit den Bischöfen der Städte Arles, Autun und Köln, die 313 dann als seine Berater im Donatistenstreit fungieren sollten. Auch den spanischen Bischof Ossius von Córdoba, der während des Konzils von Nicaea als maßgeblicher Berater Konstantins tätig war, muß er in dieser Zeit kennengelernt haben, vielleicht als er während eines Aufenthalts in Spanien einige Zeit in der gewaltigen, von Maximian errichteten Residenz von Córdoba verbrachte.

Die Vertrautheit mit Belangen der christlichen Kirche, die man für Konstantin schon lange vor 312 annehmen muß, bedeutet nicht, daß er bekennender Christ war, da er sich 310 sonst kaum Bemerkungen eines Lobredners über seine Identität mit Apollo angehört hätte. Noch unwahrscheinlicher ist, daß Konstantin den christlichen Glauben sogar von seinem Vater geerbt haben soll. Die positiven Belege für eine christliche Grundüberzeugung des Constantius sind nur sehr schwach. Eine Tochter des Constantius hieß Anastasia, ein Name, der auf den christlichen Auferstehungsglauben verweist, aber vielleicht damit zu erklären ist, daß die Mutter Theodora vor der großen Verfolgung ebenso wie andere kaiserliche Damen vorübergehend mit dem Christentum sympathisierte und einen Modenamen wählte oder daß die Kaisertochter erst viel später bei ihrer Taufe einen zusätzlichen christlichen Beinamen annahm. Ferner scheint das Verhalten des Constantius in der Christenverfolgung moderater gewesen zu sein als das seiner Kollegen, was aber großenteils an der relativen Bedeutungslosigkeit der Christen in seinem Reichsteil lag. Kirchen und Versammlungsräume der Christen hat jedenfalls auch er zerstören lassen und damit zumindest einen Teil der von Diokletian dekretierten Maßnahmen nachweislich ausgeführt. Als Caesar konnte sich Constantius kaum den Befehlen seiner Vorgesetzten Diokletian und Maximian entziehen, und Euseb stellt in seiner Schrift über die Märtyrer in Palästina fest, daß die Verfolgung in den ersten beiden Jahren unter anderem auch in Gallien und damit offenkundig im Reichsteil des Constantius wütete. Auch die Auskunft des Laktanz, daß Konstantin sofort nach seiner Ausrufung zum Kaiser die Aufhebung der Christenverfolgung verfügte, erlaubt nur den Schluß, daß unter seinem Vater Constantius, der als ranghöchster Augustus der zweiten Tetrarchie das Gesetzgebungsrecht hatte, das Verfolgungsgebot Diokletians zwar de facto außer Kraft gesetzt war, zumindest aber formal weiter galt.[81] Später wollte aber Konstantin natürlich von einer Beteiligung seines Vaters an den Verfolgungen nichts mehr wissen und konstruierte einen scharfen Gegensatz zwischen der Christenpolitik seines Vaters und der der übrigen Tetrarchen: *Ich jedenfalls hielt die, die vor mir Kaiser waren, wegen der Grausamkeit ihrer Einstellung für überaus schroff, allein mein*

*Vater übte Werke der Milde, indem er mit staunenswerter Frömmigkeit in allen seinen Handlungen den Rettergott anrief. Alle übrigen aber waren nicht bei Sinnen und kümmerten sich mehr um Grausamkeit als um Sanftmut.*[82]

Die Christenverfolgung, die nicht zuletzt der Aufrechterhaltung und Verewigung der tetrarchischen Ordnung galt, hatte für Konstantin, der diese Ordnung ablehnte, kaum einen Sinn. Mit dem Sieg über Maxentius gewann aber sein von Anfang an freundliches Verhältnis gegenüber den Christen eine ganz neue Qualität. Denn als machtvoller Herrscher der westlichen Reichshälfte war er nun von allen religionspolitischen Rücksichten gegenüber seinen Kollegen befreit. Ferner war er in den Besitz von Provinzen gelangt, in denen es Großkirchen wie die von Rom und Karthago gab und in denen – besonders in Afrika – das Christentum zu einem bedeutenden Faktor des öffentlichen Lebens geworden war, mit dem sich ein demonstratives Bündnis lohnte. Schließlich wurde die Zuwendung Konstantins zur christlichen Kirche nicht zuletzt durch den paradoxen Umstand beschleunigt, daß die afrikanischen Gemeinden untereinander in heftigem Streit lagen und Konstantin damit gezwungen war, sich intensiv mit innerkirchlichen Problemen zu beschäftigen. Dabei suchte er den permanenten Rat der am Hofe verkehrenden Bischöfe, die ihn mehr und mehr für sich gewinnen konnten.

Der sogenannte Donatistenstreit, mit dem es Konstantin unmittelbar nach seinem Sieg über Maxentius zu tun hatte, war eine Variante des in der Kirchengeschichte immer wieder neu ausgefochtenen Grundkonflikts zwischen der rigoristischen Richtung, die eine radikale und kompromißlose Realisierung der christlichen Ideale anstrebt, und der moralisch großzügigeren Großkirche, der es vor allem auf die Erfassung einer maximalen Zahl von Gläubigen ankommt. Der eine Weg führt zum Sektierertum, der andere zur Anpassung und zur Sanktionierung bestehender gesellschaftlicher Verhältnisse. Schon anläßlich früherer Christenverfolgungen war es zum Konflikt zwischen den beiden Grundströmungen gekommen. Die Rigoristen konnten es nicht zulassen, daß in der Verfolgung schwach gewordene Christen, die sogenannten Gefallenen, wieder in die Kirche aufgenommen wurden, während Vertreter der gemäßigteren Richtung der Ansicht waren, die Kirche dürfe sich eine allzu exklusive Regelung in dieser Frage nicht leisten. Mit der diokletianischen Christenverfolgung entzündete sich innerhalb der Kirche der dichtbevölkerten Provinz Africa der alte Konflikt erneut, wie mit den in der Verfolgung schwach gewordenen Christen zu verfahren sei, diesmal an der Frage der «traditores», das heißt der Christen, die einer Bestimmung des Verfolgungsedikts Diokletians Folge geleistet und Teile der Heiligen Schrift oder liturgisches Gerät an die Staatsmacht ausgeliefert hatten. Nach Ansicht der um moralische Vollkommenheit Bemühten gab es in dieser Situation nur eine richtige Verhaltensweise. Man mußte sich

Märtyrer-Teller aus Nordafrika, 350–400.
Eine Christin wird im Circus einem Bären vorgeworfen. Köln, Römisch-Germanisches Museum

den Behörden stellen und kühn darauf hinweisen, daß man im Besitz dieser heiligen Dinge sei, sie aber nicht auszuliefern gedenke. Die gemäßigte Richtung lehnte nicht nur diese provoziert bekundete Bereitschaft zum eigenen Martyrium ab, sondern einige hielten auch Kunstgriffe für erlaubt. So konnte man etwa der Aufforderung zur Auslieferung heiliger Texte zum Schein nachkommen, dabei aber die Behörden zum besten halten, indem man ihnen nur häretische Schriften aushändigte. Mit diesem Trick hatte sogar Mensurius, der Bischof der Provinzhauptstadt Karthago, die diokletianische Verfolgung überstanden und mußte sich deshalb von den radikalen Kräften Vorwürfe gefallen lassen. Als Mensurius Ende 311(?) starb, hofften die Rigoristen, sich bei der Neuwahl des Bischofs mit ihrer strengeren Auffassung durchsetzen zu können. Die gemäßigte Richtung war ihnen aber durch die handstreichartige und nicht ganz einwandfreie Wahl des karthagischen Presbyters Caecilianus zuvorgekommen. Die Empörung der radikalen Kräfte wuchs, als man erfuhr, daß neben anderen Bischöfen auch der Bischof Felix von Apthugni an der Weihe Caecilians beteiligt war. Felix wurde es nämlich zum Vorwurf gemacht, auch «traditor» gewesen zu sein. Eine Weihe durch einen «traditor» war in den Augen der Radikalen ungültig, und so konstituierte sich, geleitet von dem in der Nachbarprovinz ansässigen Bischof Secundus von Tigisi, in Karthago eine Synode von siebzig protestierenden Bischöfen meist kleinerer und unbedeutender Orte im Landesinneren. Die Synode exkommunizierte Caecilianus und wählte Maiorinus zum Gegenbischof. Als dieser kurze Zeit später starb, wurde Donatus, der der ganzen Bewegung ihren Namen gegeben hat, von den Radikalen zum Bischof gewählt.

Caecilianus hatte innerhalb der karthagischen Kirche die Mehrheit auf seiner Seite und beabsichtigte nicht, sein Amt aufzugeben. In dieser Situation unternahmen die Donatisten einen folgenreichen Schritt. Da die Bischofssynode Caecilianus schon exkommuniziert hatte und damit für die Donatisten die Angelegenheit auf kirchlicher Ebene entschieden war, wandten sie sich an die staatliche Macht, und zwar über die Vermittlung des Prokonsuls Anullinus gleich an den Kaiser selbst. Die Entscheidung der Synode sollte nämlich auch auf der weltlichen Ebene Konsequenzen haben. Denn der Kaiser hatte, noch bevor er Genaueres über die von ihm beklagten Unruhen in der afrikanischen Kirche erfahren hatte, unmittelbar nach dem Sieg an der Milvischen Brücke den Auftrag erteilt, der karthagischen Kirche über den Finanzbeamten Ursus eine bestimmte Summe als Geldgeschenk zur Förderung des Kults auszahlen zu lassen. Im März 313 hatte er ihren Priestern die gleichen Steuerbefreiungen zugebilligt wie den heidnischen Priestern und den Angehörigen der freien Berufe und dabei ausdrücklich betont, daß nur *die katholische Kirche, der Caecilianus vorsteht*[83], in den Genuß dieser Vergünstigungen kommen sollte. Die Donatisten glaubten, der Kaiser werde seine Entscheidung revidieren, wenn er erst einmal festgestellt habe, daß Caecilianus gar nicht rechtmäßiger Bischof von Karthago sei und der von ihm vertretenen Richtung weder die neuen Privilegien noch auch nur der materielle Besitz zukämen, der der Kirche von Karthago gehörte und nach der Verfolgung zurückerstattet worden war. Dabei hatten sie die Hoffnung, daß der Kaiser Caecilianus und seine Partei mit Zwangsmitteln aus ihren Positionen vertreiben werde.

Nun konnte aber Caecilianus gerade bei einigen Bischöfen des lateinischen Westens, denen die fanatisierte Einstellung der afrikanischen Bischöfe verdächtig war, auf gewisse Sympathien zählen, darunter – was für den Fortgang des Donatistenstreits von großer Bedeutung war – auf diejenigen der engsten Berater Konstantins in christlichen Dingen, nämlich der gallischen Bischöfe von Arles, Autun und Köln, Marinus, Reticius und Maternus.[84] Nach einem späten Zeugnis sollen die Donatisten in ihrem Gesuch an Konstantin darum gebeten haben, «daß deine Frömmigkeit befehle, daß uns Richter aus Gallien gegeben werden»[85]. Wenn dieses Zeugnis überhaupt echt sein sollte, dachten die Donatisten dabei wohl kaum an Bischöfe, da auf kirchlicher Ebene für sie mit der Exkommunikation des Caecilianus die Sache entschieden und nicht mehr revisionsbedürftig war. Aber die bischöflichen Berater konnten Konstantin davon überzeugen, nicht, wie die Donatisten es wünschten, einen weltlichen Prozeß einzuleiten, sondern die Sache dem Bischof von Rom, Miltiades, zu übergeben, der gemeinsam mit den drei gallischen Bischöfen entscheiden sollte. Eine solche Gerichtsversammlung, die nicht aus den Bischöfen der benachbarten Städte, sondern aus Bischöfen ganz anderer Provinzen und Gegenden gebildet war, war ebenso ein Novum wie die

Tatsache, daß überhaupt der Beschluß der afrikanischen Synode von einer weiteren kirchlichen Instanz überprüft wurde. Daß die neue Gerichtssynode dabei allein als ein Beratungsgremium des in dieser Sache richtenden Kaisers fungiert haben soll, ist deshalb unwahrscheinlich, weil Konstantin im Rückblick auf diese Bischofsversammlung immer nur vom Urteil der Bischöfe, nicht von seinem eigenen Urteil gesprochen hat.[86]

Im Oktober 313 trat die kleine Versammlung in Rom zusammen. Neben den drei bischöflichen Beratern des Kaisers hatte Miltiades noch fünfzehn italische Bischöfe hinzugezogen, die vermutlich nicht stimmberechtigt waren, sondern nur dem Bischof von Rom beratend zur Seite standen. Das Urteil der Synode von Rom konnte niemanden überraschen. Es wurde festgestellt, daß Caecilianus unschuldig war, und Miltiades trat schließlich in seinem Schlußwort dafür ein, «daß Caecilianus verdientermaßen in seinem Stand und in der kirchlichen Gemeinschaft beibehalten werden sollte»[87]. Donatus und seine Anhänger fanden sich mit dem Urteil der neuartigen Bischofsversammlung nicht ab und protestierten bei Konstantin. Konstantin hielt das Urteil der Synode von Rom für richtig und mißbilligte offen, wie aus einem Brief des Kaisers an den Bischof Chrestus von Syrakus hervorgeht, den Protest der Donatisten: *Wie es zu geschehen pflegt, vergessen aber einige ihr eigenes Heil und die der heiligsten Religion geschuldete Ehrfurcht, lassen nicht davon ab, ihre privaten Feindseligkeiten auch jetzt noch weiter fortzusetzen und wollen sich dem bereits gefällten Urteile nicht fügen.*[88] Dennoch ging er auf den Protest der Donatisten ein, weil in der Tat nur ein sehr kleines Gremium das Urteil gefällt und er die Hoffnung hatte, eine größere Versammlung werde endlich die Streitigkeiten begleichen können. Aus diesem Grund gab Konstantin den Befehl, *daß eine sehr große Anzahl von Bischöfen aus verschiedenen und unsagbar vielen Orten bis zum 1. August [314] in der Stadt Arles*[89] zusammenkommen solle. An dieser Synode waren die gleichen gallischen Bischöfe beteiligt, die bereits in Rom geurteilt hatten, und man kann annehmen, daß Marinus von Arles, der in einem Schreiben der Synode an Konstantin an erster Stelle genannt wird, sogar der Vorsitzende war. Daß die Klage der Donatisten erneut abgewiesen wurde, erstaunt unter diesen Umständen nicht. Die Begründung dafür, daß Caecilianus im Amt bleiben sollte, ist vielleicht in einer der vielen Regelungen zu erkennen, die die Bischöfe während ihrer Zusammenkunft vereinbarten, nämlich im vierzehnten Kanon, in dem ausdrücklich festgestellt wurde, daß für die Gültigkeit der Bischofsweihe allein der Weiheakt, nicht aber die persönliche Würdigkeit des Weihenden ausschlaggebend war.

Auch nach dem zweiten Fehlschlag zeigten sich die Donatisten noch nicht zum Nachgeben bereit. Eine eindeutige Linie fand Konstantin ihnen gegenüber nicht, selbst nachdem sich in einer Untersuchung herausgestellt hatte, daß der gegen Felix von Apthugni erhobene Vorwurf völlig unbegründet und daß damit Caecilianus nachweislich nicht von einem «traditor» geweiht worden war. Im Sommer 315 verfügte der Kaiser, die unterlegenen Donatisten sollten nach Afrika fahren, wo Vertraute des Kaisers über sie richten sollten. Wenige Tage später bestimmte er, Caecilianus solle zum Kaiser kommen, und ließ mißmutig eine Revision der Entscheidung von Arles zu, nicht ohne seinen Unwillen gegen die *Unruhestifter*[90] um Donatus auszudrücken. Bald danach kündigte er an, selbst nach Afrika fahren zu wollen. Und schließlich ließ er ein Treffen in Mailand ausrichten, in dem Caecilianus zum drittenmal recht bekam. Als aber nach dieser Entscheidung auch militärische Maßnahmen nicht die vom Kaiser erwünschte Ordnung in der afrikanischen Kirche garantieren konnten, erklärte er 321 in einem langen Brief an die afrikanischen Bischöfe und ihre Gemeinden, es sei *Zeichen eines Toren, die Rache, welche wir Gott vorbehalten müssen, in die eigenen Hände zu nehmen*[91], und stellte seine Versuche, die Donatisten auf den rechten Pfad zu bringen, fürs erste ein.

Aus dem Vorgehen Konstantins hat man schließen wollen, daß Konstantin im Donatistenstreit nicht so sehr als Förderer der christlichen Religion, sondern vor allem «als der für die Ruhe in der Provinz und für die ordentliche Verwaltung des sakralen Bereichs ganz allgemein Zuständige»[92] handelte, dessen Engagement dann nicht so weit ging, daß er bis zum Letzten daran arbeitete, eine endgültige innerkirchliche Befriedung durchzusetzen. Nun bahnten sich aber in dem Jahr 321 die kommenden Auseinandersetzungen mit Licinius an, und offene Unruhen, die von staatlichen Repressionsmaßnahmen in Afrika provoziert worden wären, konnten in dieser Situation nicht zweckdienlich sein. Eine grundsätzliche kirchenpolitische Entscheidung war mit der Resignation wohl nicht verbunden. Vielmehr darf man annehmen, daß er nach Abrechnung mit Licinius seine Aufmerksamkeit erneut dem Donatistenstreit zuwenden wollte. Zumindest deutete er in einer Passage eines Briefs an Arius und Alexander Pläne an, nun die ägyptische Kirche an der Lösung des Streites zu beteiligen. *Als ein nicht aufzuhaltender Wahn ganz Afrika ergriffen hatte, weil einige in unbesonnenem Leichtsinn die Religion der Bevölkerung in verschiedene Sekten zu spalten wagten, da wollte ich diese Krankheit heilen. Und ich fand kein anderes genügendes Heilmittel, als nach der Beseitigung des gemeinsamen Feindes der Menschheit [gemeint ist der in Licinius verkörperte Dämon] [...] einige von euch als Helfer auszusenden, um die Eintracht der untereinander Streitenden wiederherzustellen.*[93] Aber dieses Projekt sollte zum Bedauern Konstantins an den in der Kirche von Alexandria ausgebrochenen inneren Zwistigkeiten scheitern. Zu einer Versöhnung mit den Donatisten, *den Häretikern und Schismatikern, die das Gute verlassen und dem Bösen folgen*[94], war er aber deshalb nicht bereit. Anscheinend gab er noch in seinem letzten Regierungsjahr dem Prätorianerpräfekten Gregorius die Anweisung, gegen die Donatisten vorzugehen, weshalb sich dieser von Donatus als «Schandfleck des Senats und Schmach der Präfekten»[95] beschimpfen lassen mußte. Weil Konstantin als Alleinherrscher aber den Donatistenstreit als ein eher peripheres Lokalproblem beurteilte, fehlte der Repressionspolitik der energische Nachdruck, und so konnte sich die donatistische Bewegung auf Dauer zu einer besonders bei der ländlichen Provinzialbevölkerung Afrikas populären Sonderkirche entwickeln, deren Geschichte erst mit der islamischen Eroberung enden sollte.

Der Einsatz Konstantins im Donatistenstreit verrät die Unsicherheit des Kaisers im neuartigen Umgang mit kirchlichen Problemen, läßt sich aber wohl nicht dadurch relativieren, daß sich seine Haltung zur christlichen Religion qualitativ nicht von sonst erlaubten Kulten, die mit staatlichen Mitteln unterstützt wurden, unterschieden haben soll. Die gut organisierte christliche Religion entsprach in hohem Maße seinen Vorstellungen von der Verehrung der «höchsten Gottheit». In zahlreichen Schreiben betonte er daher sein Engagement gegenüber der *gesetzmäßigen und heiligsten katholischen Religion*[96] oder der *Verehrung der heiligen und himmlischen Macht und dem katholischen Glauben*[97]. Gewiß haben diese Formeln oft stereotypen Charakter, und die Briefe sind wahrscheinlich von christlichen Mitarbeitern der kaiserlichen Kanzlei verfaßt worden. Dennoch ist bemerkenswert, daß der Kaiser der Meinung Ausdruck geben ließ, daß der höchste Gott auf seiten der katholischen Großkirche von Karthago stehe und daß er, Konstantin, ihre Position für die allein richtige halte. Allerdings war die kirchliche Einheit für ihn ein wichtigeres Ziel als die einseitige Unterstützung der richtigen Position, und so ließ er immer neue Appellationen der Donatisten zu, in der Hoffnung, durch die Mischung von Zwangsmaßnahmen und gütlichem Zureden endlich eine Einigung zu erreichen. Ein Instrument der Politik der Vereinheitlichung waren auch die Synoden, die vermutlich durch die bischöflichen Berater des Kaisers angeregt wurden, an deren organisatorischer Durchführung aber bis ins Detail staatliche Stellen mitwirkten. Der nach Arles reisende Bischof von Syrakus, Chrestus, erhielt wie viele seiner Kollegen das große Privileg, für seine Reise *die öffentliche Post zu benutzen, nachdem du dir zwei Männer vom zweiten Stand [das heißt Priester] nach deinem Wunsch ausgesucht und auch noch drei Diener, die fähig sein werden, euch unterwegs zu dienen, dazugenommen hast*[98].

Die Privilegierung der Kirchen und der Einsatz für innerkirchliche Belange unterscheiden die Religionspolitik Konstantins fundamental von der widerwillig eingeräumten Toleranz des Galerius. Licinius schloß sich Konstantin erst an, als er bei einem Treffen in Mailand die Schwester des West-Kaisers geheiratet hatte und damit das Bündnis gegen Maximinus Daia besiegelt worden war. Die bei dieser Gelegenheit vereinbarten, im Reichsteil Konstantins schon längst realisierten Grundzüge der Christenpolitik hat Licinius nach dem Sieg über Maximinus den Statthaltern des Ostens bekanntgemacht, und zwar in einem unter anderem in Nicomedia publizierten Brief, der dem Protokoll entsprechend formal von beiden Kaisern verfaßt war. In diesem sogenannten Mailänder Toleranzedikt beschränkte sich Licinius nicht nur darauf, die freie Religionsausübung zu garantieren. Vielmehr enthielt das Edikt recht detaillierte Bestimmungen über die Wiedergutmachung von in der Verfolgungszeit erlittenen Einbußen und erkannte die christlichen Kirchen als juristische Personen an.

Licinius hatte vor allem ein taktisches Interesse, auf die religionspolitische Linie seines neuen Schwagers einzuschwenken. Maximinus war nämlich nach dem Tode des Galerius von zahlreichen heidnischen Stadtregierungen gebeten worden, das Toleranzedikt des Galerius wieder zurückzunehmen, und hatte diesen Bitten mit einem Reskript stattgegeben, das Züge eines paganen Glaubensbekenntnisses trug und in zahlreichen Städten inschriftlich publiziert wurde. Selbst die Harmonie der Natur hing nach Ansicht des Maximinus Daia von der richtigen Verehrung der alten Götter ab, und zwar gemäß der Anweisung seines eigenen Schutzgottes Jupiter: «Wahrlich, unser höchster und größter Jupiter [...], er ist es, der euren Seelen das rettende Wollen eingehaucht und euch gezeigt und kundgetan hat, wie erhaben, herrlich und heilsam es ist, mit der schuldigen Ehrfurcht dem Dienste und den heiligen Bräuchen der unsterblichen Götter sich zu nahen. Denn wo könnte man jemanden finden, der so töricht und so sehr allen Verstandes bar wäre, daß er nicht erkennte: Der Güte und Sorge der Götter ist es zu danken, daß die Erde den ihr anvertrauten Samen nicht zurückweist und so die Landleute vergeblich warten läßt und in ihrer Hoffnung täuscht.»[99] Der Jovier Maximinus wiederholte nicht zuletzt deshalb die Glaubenssätze der tetrarchischen Religionspolitik, weil er als rangältester Kaiser das Erbe Diokletians weiterführen wollte, auch wenn seine Versuche vergeblich blieben, die Tochter Diokletians, die Augusta Galeria Valeria, zur Heirat zu bewegen. Als er vom Bündnis zwischen Licinius und Konstantin erfuhr, erkannte er zu spät, wie gefährlich für ihn die tiefe religiöse Spaltung und die starke illoyale Minderheit von christlichen Bürgern werden mußte. Er suchte seinen Fehler rückgängig zu machen, indem er nun auf Gewaltmaßnahmen verzichtete und sich damit begnügte, «die Bewohner unserer Provinzen eher durch Belehrung und Freundlichkeit zum Dienste der Götter zurückzurufen»[100]. Aber die Christen mußten befürchten, daß nach einem Sieg des Verfolgers «Belehrung und Freundlichkeit» rasch ein Ende finden würden. So erschien ihnen Licinius gegenüber Maximinus Daia auf jeden Fall als die bessere Alternative. Der Sieg, den Licinius dann am 30. April 313 im thrakischen Tzirallum über seinen Rivalen davontrug, wurde von ihnen als Erlösung begrüßt, und es ist nicht erstaunlich, daß sie sich diesen Sieg mit dem Beistand ihres Gottes erklärten. Licinius hatte nämlich vor der Schlacht ein monotheistisches

Gebet sprechen lassen, das gegen den tetrarchischen Jupiterglauben des Maximinus gerichtet war und Christen und Nichtchristen vereinen sollte. Dieses eindrucksvolle Gebet, das die Gegenseite angeblich schon vor der Schlacht in Panik versetzte, wurde von den Christen als himmlische Eingebung ausgegeben: «Als sich also beide Heere nahe kamen, stand anscheinend der Kampf unmittelbar bevor. Da machte Maximinus dem Jupiter ein Gelübde mit dem Inhalt, daß, wenn er den Sieg gewinne, er das Christentum auslöschen und von Grund auf zerstören werde. Darauf trat in der nächsten Nacht an den schlafenden Licinius ein Engel des Herrn heran, der ihn ermahnte, daß er sich rasch erhebe und zum höchsten Gott gemeinsam mit seinem ganzen Heer bete. Ihm sei der Sieg sicher, wenn er dies tue.»[101]

Nach seiner verheerenden Niederlage floh Maximinus nach Kleinasien, wo er wenige Monate später im kilikischen Tarsus starb. Nachdem der letzte Verteidiger des tetrarchischen Systems gescheitert war, waren auch die Tage des alten Diokletian gezählt. Schon Anfang 313 hatten ihm die verbündeten Kaiser Konstantin und Licinius in einem drohenden Brief vorgeworfen, er «habe zu Maxentius gehalten und halte nun zu Maximinus»[102]. Nun ahnte er für sich das Schlimmste und schied freiwillig aus dem Leben.

# Triumph und Krise

Licinius, dem 308 in Carnuntum die Herrschaft über Italien zugewiesen worden war, hatte es 312/313 nur aufgrund der Zwangslage des bevorstehenden Konflikts mit Maximinus Daia hingenommen, daß Konstantin Italien ohne Absprache mit ihm besetzt hatte und daß dieser ihm bei den Verlobungsfeierlichkeiten die Rolle eines Juniorpartners zugewiesen hatte, den er nach Mailand bestellen und dem er die Grundzüge der Christenpolitik diktieren konnte. Auch daß Konstantin bereits 312 die Kontrolle der Reichshauptstadt dazu genutzt hatte, sich in einer die Kollegen beleidigenden Weise vom Senat den ersten Rang ausdrücklich bestätigen zu lassen, hatte Licinius wohl nur deshalb nicht als starken Affront gewertet, weil dieser Schritt seinerzeit vor allem gegen den dienstältesten Kaiser Maximinus gerichtet war. Nachdem aber Maximinus Daia besiegt worden war und Licinius damit die gesamte reiche Osthälfte des Imperiums in seinen Besitz gebracht hatte, gönnte er seinem Schwager nicht mehr den Vorrang und den Besitz von Italien. Auch war Licinius die Tatsache unangenehm, daß Konstantin, dessen religionspolitischer Linie er 313 nur aus taktischen Gründen gefolgt war, nun auch den Christen im Osten als Protektor galt, wie deutlich aus den 315 fertiggestellten Passagen der Kirchengeschichte Eusebs hervorgeht, in denen das Lob für Konstantin viel wärmer ist als das für Licinius. Konstantin akzentuierte seinen christenfreundlichen Kurs immer deutlicher, je mehr sich die Spannungen zu Licinius verschärften. 315 tauchten in der bildlichen Selbstdarstellung Konstantins zum erstenmal Symbole auf, bei denen eine christliche Interpretation bewußt nahegelegt wurde: In einer allerdings nur in kleiner Auflage ausgebrachten Festprägung, deren Adressaten die (teilweise christlichen) Angehörigen seiner zivilen und militärischen Umgebung waren, ließ Konstantin sich mit dem als Christusmonogramm gestalteten magischen Zeichen von 312 auf dem Helm darstellen.

Zunächst hatte es den Anschein, als könne eine Kompromißlösung, die den Formen der alten Tetrarchie ähnelte, zumindest die Meinungsverschiedenheiten um die Territorialverteilung aus dem Wege räumen. Bassianus, der mit Anastasia, einer Halbschwester Konstantins, verhei-

Porträt Konstantins im Dreiviertelprofil auf der Vorderseite eines Silbermedaillons, geprägt um 315 in Ticinum (Pavia). Am Helmbusch ist vorne eine Scheibe mit dem Christogramm angebracht. Auf dem Schild die kapitolinische Wölfin mit Romulus und Remus. Hinter dem Schild ein Kreuzszepter. München, Staatliche Münzsammlung

ratet war, sollte als Caesar Italien regieren. Mit der raschen Umsetzung dieses Kompromisses scheint es Konstantin allerdings nicht sehr ernst gewesen zu sein, wohl deshalb, weil er erwartete, daß Licinius im Gegenzug Pannonien ebenfalls einem Caesar übergab. Die Verzögerung mag erklären, warum der ungeduldige Bassianus schließlich den Vorschlägen seines Bruders Senecio, eines Offiziers des Licinius, Gehör schenkte und eine Verschwörung gegen Konstantin vorbereitete. Sie wurde entdeckt, und Bassianus, der Schwager Konstantins, sofort hingerichtet. Daß Licinius sich weigerte, Senecio, «den Urheber des Komplotts»[103], an Konstantin auszuliefern, mußte den Anschein erwecken, er habe die Verschwörung gebilligt oder sogar initiiert. Licinius versuchte nicht, diesen Eindruck zu korrigieren, sondern zeigte seine Bereitschaft zum Krieg, indem er in Emona (Laibach/Ljubljana), also unmittelbar an der Grenze zum Reichsteil Konstantins, dessen Standbilder umstürzen ließ.

Wie schon im Krieg gegen Maxentius ergriff Konstantin mit seinen mobilen gallisch-germanischen Elitetruppen die Initiative und fiel mit nur 20 000 Soldaten über das Savetal in Illyricum ein. Licinius konnte ihm erst in der großen Ebene, wo Drau und Save in die Donau münden, mit einer Armee von 35 000 Fußsoldaten und Reitern entgegentreten. Die Schlacht fand in einem sumpfigen Gebiet in der Nähe von Cibalae (Vinkovci) statt. Sie dauerte einen Tag und kostete schließlich 20 000 Soldaten aus der Armee des Licinius das Leben. Licinius selbst floh im Schutz der Dunkelheit in das nahe gelegene Sirmium, wo seine Frau mit ihrem Sohn die Entscheidung abgewartet hatte, und machte sich von dort aus über Serdica (Sofia) rasch auf den Weg nach Thrakien. Im thrakischen Adrianopel (Edirne) war inzwischen eine große Armee zusammengezogen worden. Um zu demonstrieren, daß ihn die Niederlage bei Cibalae keineswegs entmutigt hatte, erhob er dort den Valens, der die Mobilisation organisiert hatte, zum Mitherrscher. Er sollte Konstantin als Augustus des Westens ersetzen. Dieser war inzwischen bis nach Philippopolis (Plovdiv) vorgerückt, zeigte sich aber angesichts der neu mobilisierten Truppen des Licinius zu Verhandlungen bereit, die jedoch scheiterten und von Licinius wohl nur deshalb begonnen worden waren, um Zeit für seine Truppenbewegungen zu gewinnen. So kam es zu einer zweiten Schlacht im «campus Ardiensis», einem zwischen Philippopolis und Adrianopel gelegenen Gelände. Die Schlacht war für keine Seite ein durchschlagender Erfolg. Konstantin konnte zwar seinen Marsch in den Osten fortsetzen, doch hatte Licinius, auch wenn er das Schlachtfeld hatte räumen müssen, noch das Gros seiner Truppen bei sich. Während Konstantin nun auf der Hauptmilitärstraße weiter in Richtung auf die Meerengen eilte, im Glauben, Licinius werde sich nach Kleinasien zurückziehen, war es diesem gelungen, sich unbemerkt von Konstantin im thrakischen Beroea festzusetzen. Damit stand Licinius im Rücken Konstantins. Dessen Nachschublinien waren abgeschnitten, und die Truppen des Licinius hatten schon mit Angriffen auf den Troß und den mitgeführten Hofstaat begonnen. In dieser Situation mußte Konstantin auf das Friedensangebot eingehen, das ihm der Gesandte Mestrianus im Auftrag des Licinius überbrachte. Um das Gesicht zu wahren und den notwendigen Kompromiß erträglich erscheinen zu lassen, behauptete Konstantin in den Verhandlungen, er habe keineswegs das Ziel verfolgt,

Karte zu den Feldzügen Konstantins gegen Licinius

seinen Schwager zu entmachten, aber die Erhebung des Valens nicht dulden können: *Wir sind nicht bis zu diesem Punkt erfolgreich gewesen noch vom Ozean bis zu den Gegenden hier kriegführend und siegend vorgedrungen, um – auch wenn wir den eigenen Schwager trotz seines gehässigen Verhaltens weiter als Teilhaber der Macht behalten wollen und ihm die Verwandtschaft nicht absprechen – nun zusammen mit ihm einen billigen Sklaven in den Kaiserrang aufzunehmen.*[104] Konsequent wurde dementsprechend in der konstantinischen Propaganda der Eindruck erweckt, Licinius habe es nur der Ehe mit der Schwester Konstantins zu verdanken, daß er weiter regieren durfte. Nach den schweren Verlusten von Cibalae reichte der halbe Erfolg von Beroea in der Tat für Licinius nicht mehr aus, die Stellung wieder einzunehmen, die er vor dem Krieg hatte, geschweige denn seine Kreatur Valens zu halten. Valens wurde, wie im Frieden vereinbart, abgesetzt und vorsorglich umgebracht. Fast die ganze Balkanhalbinsel mußte von Licinius geräumt werden, der nur noch die thrakische Diözese behalten durfte. Da der Konflikt von 316 sich an der Erhebung eines Caesars entzündet hatte, nutzte Konstantin nun auch die Gelegenheit, das Problem der Unterkaiser in seinem Sinne zu regeln. Unmittelbar nach dem Friedensschluß wurde zwischen den Kaisern verabredet, daß – ganz im Widerspruch zu den in der Tetrarchie gültigen Prinzipien – die unmündigen Söhne der Kaiser am 1. März 317 zu Caesares erhoben werden sollten. Dabei erhielten gleich zwei Söhne Konstantins, nämlich der ungefähr zwölfjährige Crispus und der Säugling Constantinus, die Caesarwürde, während Licinius nur einen Caesar, nämlich seinen gerade achtzehn Monate alten Sohn Licinianus Licinius, ernennen durfte. Die untergeordnete Position, die Licinius im Kollegium hatte, wurde von der konstantinischen Propaganda zusätzlich akzentuiert, indem Licinianus Licinius Caesar ausdrücklich als der «Sohn der Schwester unseres Herrn Konstantin, des größten und ewigen Augustus»[105] bezeichnet wurde.

Der Kompromiß zwischen den beiden Kaisern erwies sich nur wenige Jahre als tragfähig. Die Beziehungen zwischen den beiden Höfen beschränkten sich auf ein Minimum. War es unter den Kaiserkollegen in tetrarchischer Zeit üblich gewesen, daß ein Kaiser nicht nur für sich selbst prägte, sondern in seinen Prägungen auch die Mitherrscher berücksichtigte, wurde auf dieses Zeichen gegenseitigen Respekts in der Zeit nach 316 fast völlig verzichtet, nachdem Konstantin schon immer in der propagandistischen Anerkennung seiner Kollegen sehr zurückhaltend war. Vor allem aber entfiel in den Jahren der Zwischenkriegszeit die gemeinsame Gesetzgebung, was die Reichsteilung verschärfte. Beide Kaiser bereiteten mit ihrer gerade in der Religionspolitik stark divergierenden Gesetzgebung den endgültigen Schlagabtausch vor.

Das Christentum blieb zwar seit den Verabredungen von Mailand in beiden Reichsteilen eine vom Staat in ihrer Existenzberechtigung anerkannte Religion, und Licinius ist nur in sehr späten Quellen als Christenverfolger diskreditiert worden. Er konnte kaum daran interessiert sein, daß sich die bis zum Bürgerkrieg reichenden Zustände unter Maximinus Daia wiederholten. Aber er versuchte das Christentum einzuschränken, wo es nur ging. Ein Grund für die restriktive Christenpolitik kann man darin erkennen, daß Licinius die finanziellen Verhältnisse in seinem geschrumpften Reichsteil stabilisieren wollte, um gegenüber Konstantin eine einigermaßen schlagkräftige Armee einsetzen zu können. Dem Bestreben, alle Ressourcen nutzbar zu machen, hatte sich auch das Verhältnis zu den Christen unterzuordnen, wenn es etwa darum ging, die Steuerkraft heidnischer Stadteliten zu bewahren und der christenfeindlichen Einstellung dieser Kreise entgegenzukommen. Wichtiger war aber wohl die Tatsache, daß sich Licinius gerade nach dem 316 nicht mehr geheilten Bruch mit Konstantin deutlicher auf seine eigene, durch die Kooptation in der Tetrarchie begründete Legitimation besann, indem er auf seinen Prägungen den «Jupiter, den Bewahrer des Licinius Augustus»[106] feierte und seine Zugehörigkeit zur fiktiven Dynastie der Jovier auch sonst betonen ließ. Ein demonstratives Bekenntnis zu Jupiter, dem Gott Diokletians, schloß eine wirkliche Toleranz gegen die Christen auf Dauer aus. Licinius mußte in ihnen vor allem eine fünfte Kolonne Konstantins sehen, die er wegen ihrer Gefährlichkeit allerdings nicht frontal angreifen konnte. Nachdem die Christen sich aber selbst durch innere Streitigkeiten Blößen gegeben hatten, nutzte er die Gelegenheit, durch zahlreiche Gesetzgebungsmaßnahmen ihren organisatorischen Zusammenhalt weiter zu schwächen. So wurden etwa Synoden von

Licinius und sein Schutzgott Jupiter. Vorder- und Rückseite einer in Nicomedia 317/318 anläßlich des zehnjährigen Regierungsjubiläums des Kaisers geprägten Goldmünze. München, Staatliche Münzsammlung

Bischöfen ganz verboten, die Versammlungsmöglichkeiten von christlichen Gemeinden unter dem Vorwand der Sorge um die Aufrechterhaltung der öffentlichen Ordnung stark eingeschränkt und versucht, die Attraktivität der christlichen Konfession dadurch zu vermindern, daß alle karitativen Tätigkeiten beschnitten wurden.

Konstantin verfolgte genau den umgekehrten Weg, indem er staatliche und kirchliche Sphäre in seiner Gesetzgebung immer enger miteinander verschränkte. Von Staats wegen wurden nun die Urteile, die die Bischöfe schon seit jeher zwischen streitenden Christen gefällt hatten, als rechtsgültig anerkannt, und der Appell an ein Bischofsgericht sollte sogar dann möglich sein, wenn der Prozeß schon vor einem staatlichen Gericht anhängig war. Zu den alten Möglichkeiten, Sklaven nach bestimmten rechtsgültigen und allgemein anerkannten Formen freizulassen, kam die «Freilassung in der Kirche», nämlich vor dem Bischof und der Gemeinde, hinzu. 321 entsprach Konstantin durch Gesetz dem jüdisch-christlichen Brauch, am siebten Tag zu ruhen, und bestimmte, daß am Sonntag keine Prozesse und Geschäfte stattfinden sollten, während landwirtschaftliche Tätigkeiten erlaubt waren, *da es ja oft geschieht, daß an keinem anderen Tag in günstigerer Weise das Getreide den gepflügten Furchen oder die Rebstöcke den Gruben anvertraut werden*[107]. Vergünstigungen rundeten die Gesetzgebung ab: Kleriker erhielten die Immunität von Abgaben, Testamente an die Kirche als juristische Person waren rechtsgültig. Zu berücksichtigen ist, daß nur ein Bruchteil dieser Gesetzgebungstätigkeit in die großen Kodifikationen Eingang gefunden hat und andere Maßnahmen wie das durch den Historiker Aurelius Victor verbürgte Verbot, die Todesstrafe durch Kreuzigung zu vollziehen, nur durch den Zufall der Parallelüberlieferung bekannt sind.[108] Eine antiheidnische Tendenz hatte allerdings die ausgedehnte Gesetzgebung, in der das Verhältnis zwischen Staat und der als Körperschaft des öffentlichen Rechts anerkannten Kirche gestaltet wurde, noch nicht. Vielmehr blieben die heidnischen Kulte auch im Gebiet Konstantins im großen und ganzen weiterhin unangetastet. Für das Verbot der alten etruskischen Wahrsagedisziplin der Leberschau (Haruspizin) im privaten Raum waren weniger religiöse Gründe ausschlaggebend als die zeittypische Furcht, daß heidnische Wahrsagetechniken gegen die Interessen des regierenden Kaisers gebraucht würden. Ausdrücklich legte Konstantin sogar fest, daß, *wenn irgend etwas von unserem Palast oder von den übrigen öffentlichen Bauwerken nachweislich von der Flamme des Blitzes umzüngelt worden ist, nach der beibehaltenen Sitte der alten Religion von den Haruspices untersucht wird, was dieser Umstand prophezeit, und daß es nach der höchst sorgfältigen Zusammenstellung eines Protokolls zu unserer Kenntnis gebracht wird*[109].

Die divergierende Religionspolitik war nur ein – allerdings relativ gut dokumentierter – Aspekt der Vorbereitungen zur endgültigen Bürgerkriegsentscheidung, deren Unausweichlichkeit spätestens feststand, als ab 321 beide Reichshälften nach verschiedenen Konsuln datierten und damit das letzte Symbol der Reichseinheit aufgegeben worden war. Wie zielbewußt vor allem Konstantin auf die letzte Auseinandersetzung hinsteuerte, zeigt die Tatsache, daß er sich seit 317 ununterbrochen im neueroberten Serdica (Sofia) und seit 322 in Thessalonike aufhielt, also in den Licinius abgenommenen Provinzen und unmittelbar in der Nähe des Gebiets seines Rivalen. Offiziell dürfte Konstantin seinen Aufenthalt in Serdica – angeblich bezeichnete er in dieser Zeit die ihm liebgewordene Residenz als *mein Rom*[110] – damit gerechtfertigt haben, von dort aus am besten die barbarischen Völkerschaften der Sarmaten und der Goten, die die untere Donaugrenze bedrohten, kontrollieren zu können. Bezeichnenderweise war Licinius nicht bereit, die propagandistisch überhöhten Erfolge anzuerkennen, die sein Rivale bei der Befriedung der Donaugrenze errungen hatte. Konstantin hatte, als die Sarmaten 322 bei Campona, einem südlich von Budapest gelegenen Kastell, in römisches Reichsgebiet eingedrungen waren, diesen Sieg in Goldprägungen feiern lassen. Licinius befahl, diese auch in seinem Gebiet zirkulierenden Prägungen einzuschmelzen, mit der doppelsinnigen Begründung, die (den Barbarensieg feiernden) Münzen seien von barbarischer Machart. Kurze Zeit später hatte der in dieser Weise provozierte Konstantin die Gelegenheit zu zeigen, daß nur er in der Lage war, der Barbarengefahr an der unteren Donau Herr zu werden. Licinius hatte nämlich seine Kernarmee in Kleinasien versammelt, und seine Grenztruppen waren sehr ausgedünnt, als die Goten unter der Führung ihres Königs Rausimod in seine europäischen Provinzen Moesien und Thrakien einfielen. Ohne die 316 gezogenen Grenzen zu berücksichtigen, kam Konstantin in größter Eile mit seinen marschbereiten Elitetruppen den bedrohten Provinzen zu Hilfe. Er besiegte die Goten und zwang sie, die gefangengenommenen Provinzialen wieder herauszugeben. Licinius selbst sah keinen Grund, Konstantin für die Übernahme der Verteidigung dankbar zu sein. Die Einmischung seines Rivalen Konstantin in seine Angelegenheiten empfand er als unerträgliche Anmaßung und legte in einem Notenwechsel scharfen Protest ein. Konstantin ließ die diplomatischen Verhandlungen mit Licinius noch eine Zeitlang laufen, ohne sie zu einem Ergebnis bringen zu wollen. Vielmehr sollte nur die Verfahrenheit der Situation demonstriert und der Eindruck erweckt werden, daß «der Frieden durch die Übereinstimmung beider Seiten»[111] gebrochen wurde.

Licinius hatte in Erwartung des Bürgerkriegs den zwischen Serdica und Philippopolis gelegenen Paß von Succi befestigt, und die Fortsetzung des 316 in Angriff genommenen Kriegsplans, nämlich ein Einmarsch entlang der großen Militärstraße von Illyricum nach Byzanz, war für Konstantin nicht mehr ohne weiteres möglich. Er bereitete deshalb ab 322 in Thessalonike eine zweite Angriffsoption vor, nämlich ein kombiniertes Unternehmen, in dem das Landheer von Makedonien aus durch Südthrakien nach Kleinasien marschieren und die Flotte gleichzeitig entlang der makedonisch-thrakischen Küste auf die Meerengen zufahren sollte. Dafür ließ er in Thessalonike statt der bisher benutzten offenen Reede einen sicheren und großen Hafen anlegen, in dem er seine Kriegsflotte sammeln konnte.

Licinius hatte sich im gut befestigten Adrianopel verschanzt. Obgleich nun Konstantin, von Thessalonike aus kommend, den nicht sehr breiten Hebros (Maritza) auch weit südlich von Adrianopel hätte überschreiten können, war es doch nicht angebracht, die Streitmacht des Licinius hinter sich zurückzulassen. Denn in diesem Fall hätte Licinius natürlich sofort die rückwärtigen Verbindungslinien durchgeschnitten oder wäre sogar in Illyricum eingefallen. Konstantin mußte also bei Adrianopel die Entscheidung suchen. Licinius hatte südlich von dieser Stadt seine Truppen entlang des Hebros über die Länge von 35 Kilometer postiert, um einen Übergang Konstantins zu verhindern. Mit einem geschickten Täuschungsmanöver setzte Konstantin dennoch über den Fluß, und es kam zu einer großen Feldschlacht, in der auf beiden Seiten insgesamt 34000 Soldaten fielen.

Noch während der Schlacht floh Licinius nach Byzanz, in der Absicht, die Überfahrt Konstantins nach Kleinasien zu verhindern. Wie schon vor Adrianopel konnte Konstantin Licinius auch nicht in der Festung Byzanz zurücklassen und weitermarschieren, wollte er nicht von seinen rückwärtigen Linien abgeschnitten werden. Von der Landseite her war das am Ende einer Halbinsel errichtete Byzanz aufgrund der starken Mauer uneinnehmbar und konnte auch nicht ausgehungert werden, da es mit Leichtigkeit zur See versorgt werden konnte. Erst wenn die Flotte des Licinius nicht mehr die Meerengen kontrollierte und den Schiffen Konstantins die Zufahrt versperrte, war an eine Einnahme von Byzanz zu denken. Die Entscheidung im Seekampf fiel kurze Zeit später. Die den Hellespont blockierende feindliche Flotte, die unter dem Kommando des Amandus stand, wurde beim Versuch, gegen den angreifenden Kaisersohn Crispus auszufahren, von einem heftigen Sturm vernichtet. Crispus konnte ungestört nach Byzanz gelangen, was Licinius, wollte er nicht von allen Seiten eingeschlossen werden, zwang, die gut befestigte Stadt zu verlassen und nach Kleinasien überzusetzen. Kurze Zeit später gab auch die kleine Garnison auf, die Licinius zurückgelassen hatte, und Konstantin konnte endlich Byzanz einnehmen. Licinius demonstrierte freilich immer noch seinen Kampfwillen, indem er wie schon 316 in nahezu aussichtsloser Lage provokativ einen Augustus erhob, der Konstantin ablösen sollte, nämlich den «magister officiorum», das heißt den Chef der kaiserlichen Büros und der Leibgarde, Martinianus. Aber mit seinen demoralisierten und dezimierten Truppen konnte er die Niederlage nicht mehr abwenden. Am 18. September 324 wurde er auf der asia-

Die Erinnerung an den besiegten Kaiser wird getilgt: Vorderansicht einer 324 absichtlich zerstörten Silberbüste des Kaisers Licinius. München, Prähistorische Staatssammlung, Besitz der Bayerischen Hypotheken- und Wechselbank

Die Silberbüste des Licinius nach der Restaurierung. München, Prähistorische Staatssammlung, Besitz der Bayerischen Hypotheken- und Wechselbank

tischen Seite des Bosporus in Chrysopolis – heute Üsküdar, ein Stadtteil Istanbuls – vernichtend geschlagen. Ihm gelang es zwar aufs neue zu entkommen und sich in der tetrarchischen Residenzstadt Nicomedia zu verschanzen. Doch ging es nur noch um erträgliche Kapitulationsbedingungen. Trotz der Ehe mit Constantia, die für Licinius die Verhandlungen führte, kam eine Herrschaftsbeteiligung des Licinius nicht mehr in Frage. Er sollte als Privatmann eine seiner früheren kaiserlichen Stellung angemessene Residenz in Thessalonike erhalten, wobei Konstantin sogar mit einem Eid garantierte, daß sein Leben unangetastet blieb.

Mit dem Sieg über Licinius hatte Konstantin den Höhepunkt seiner politischen Laufbahn erreicht und sich die Alleinherrschaft gesichert. Gesteigert wurde das triumphale Hochgefühl dadurch, daß die vielen christlichen Bewohner der von Konstantin eroberten östlichen Provinzen ihn als den Protektor ihres Glaubens begrüßten. Das Ende der Mehrherrschaft bedeutete für sie auch das lang ersehnte Ende der anfangs mit der tetrarchischen Ordnung verbundenen Christenverfolgungen, die unter dem Jovier Licinius mit der Verteidigung des eigenen dynastischen Anspruchs auf die Dauer nicht völlig auszuschließen waren. Die Wiedervereinigung der östlichen Provinzen mit dem Westen wurde daher voller Euphorie als die Wiederherstellung eines ursprünglichen guten Zustands aufgefaßt: «So lag Licinius niedergeschmettert am Boden. Konstantin aber, der mächtigste Sieger, ausgezeichnet durch jegliche Tugend der Gottesfurcht, nahm [...] den ihm zugehörenden Osten in Besitz und schuf so wieder nach alter Weise ein einziges und einheitliches Reich der Römer.»[112]

Unmittelbar nach dem 18. September 324 hatte Konstantin den bisher getragenen Titel «Invictus», der «Unbesiegbare», abgelegt, nicht nur wegen der heidnischen Konnotationen – Sol hatte denselben Beinamen –, sondern auch, weil mit dem neuen Beinamen «Victor», der «Sieger», einem «höheren Grad an Sieghaftigkeit»[113] Ausdruck gegeben werden konnte. Am 25. Juli 325 feierte er in Nicomedia den Beginn des zwanzigsten Jahres seiner Regierung und trat bei diesen Feierlichkeiten vermutlich zum erstenmal mit dem Diadem auf, das dem Modell der hellenistischen Königsbinde nachempfunden war und als Zeichen «der Alleinherrschaft und des Sieges über die Widersacher»[114] verstanden werden sollte. Zunächst trug er das einfache hellenistische Banddiadem, das aber sehr bald schon während seiner Regierung immer aufwendiger mit Edelsteinen und Perlen dekoriert und in dieser Form auch von den späteren Kaisern getragen wurde.

326 reiste Konstantin nach Rom, um dort das große Jubiläum der Zwanzigjahrfeier wiederholen zu lassen. Solche Wiederholungen waren keineswegs üblich, und die Annahme liegt nahe, daß Konstantin mit sei-

Konstantin mit dem edelsteinbesetzten Diadem. Bronzekopf aus Naissus (Niš). Belgrad, Nationalmuseum

nem Rom-Besuch vor allem auf stadtrömische Unmutsäußerungen reagierte. Nachdem Diokletian 303 seine Vicennalien und Konstantin selbst 315 seine Decennalien in Rom hatte feiern lassen, war man davon ausgegangen, daß auch die Jubiläumsfeierlichkeiten von 325 in der Ewigen Stadt stattfinden sollten, und in dieser Hoffnung enttäuscht worden. Aber dies war wohl nicht der einzige Anlaß zu Unruhen. Vielmehr sah sich Konstantin gerade in der Zeit seines höchsten Triumphs von Angehörigen seines eigenen Hauses bedroht, und es scheint, als hätten die heftigen Reaktionen Konstantins, der vor der Ermordung der eigenen Angehörigen nicht zurückschreckte, in Rom ein unwilliges Echo gefun-

89

den, zumal mit den Kaiserverwandten auch andere am Hof tätige Personen, nämlich «zahlreiche Freunde»[115] des Kaisers, in den Abgrund gerissen wurden, darunter wohl auch Angehörige der stadtrömischen Senatsaristokratie.

Noch vor dem Konzil von Nicaea und den Vicennalienfeiern hatte Konstantin den Gemahl seiner Schwester, den nach Thessalonike verbannten Licinius, beseitigen lassen, weil der alte Kaiser angeblich versucht hatte, mit Hilfe von eilig angeworbenen barbarischen Hilfstruppen wieder die Kaiserwürde für sich zu gewinnen. Um das Verhalten Konstantins zu rechtfertigen, wurde behauptet, loyale Soldaten hätten dringend gefordert, Licinius zu beseitigen. Konstantin habe sich aber deren Wunsch erst gefügt, nachdem der Senat die Rechtmäßigkeit der Foderung der Soldaten bestätigt habe. Formaljuristisch mochte sich Konstantin so bei der Beseitigung seines Rivalen abgesichert haben. Die Absetzung des Konsuls von 325, des Senators Valerius Proculus, könnte darauf hinweisen, daß es im Senat Widerstände gegen diesen Akt der politischen Justiz gab. Den Makel des Eidbruchs ist Konstantin in der späteren Geschichtsschreibung nicht mehr losgeworden. Immerhin sind die Motive Konstantins nicht ganz unverständlich. Am Beispiel seines Schwiegervaters Maximian hatte er erfahren, daß ein nur unter Zwang zum Privatmann gewordener Kaiser sein Charisma für Soldaten nicht verlieren konnte und immer noch eine politische Gefahr blieb.

Nach der Beseitigung des Licinius hatte auch dessen Sohn, der ehemalige Caesar Licinianus Licinius, keine große Überlebenschancen mehr. Die Mutter Constantia war zwar nach der Absetzung des Licinius für die Tatsache, daß sie nicht mehr die Gemahlin eines regierenden Kaisers war, mit einigen protokollarischen Ehrenbezeugungen entschädigt worden, etwa mit dem Titel einer «nobilissima femina». Ihre Stellung war aber nicht so stark, daß sie die Abstammung ihres Sohnes von Licinius vergessen lassen und ihn in die herrschende Dynastie integrieren konnte. So wurde der elfjährige Licinianus wohl spätestens ein Jahr nach dem Mord an seinem Vater ebenfalls umgebracht. Aber es bleibt ein Rätsel, warum Konstantin ungefähr zu diesem Zeitpunkt auch noch seinen eigenen Sohn Crispus in Pola auf der Halbinsel Istrien hinrichten ließ und wenig später die Tötung seiner eigenen Gattin befahl. Waren es der Sieg und die «Unfähigkeit, das Glück zu ertragen»[116], die zu einer Art von Tyrannenwahnsinn geführt hatten, wie der Historiker Eutrop meint?

Die Aufklärung des dunkelsten Punkts in der Biographie Konstantins wird dadurch erschwert, daß der Propagandaapparat kein Interesse hatte, konkretere Angaben aus den Palastmauern dringen zu lassen, gerade weil es sich um einen extrem schweren Einbruch in der permanenten Erfolgsbilanz des Kaisers handelte. Die Dramatik der dynastischen Krise muß man daran messen, daß gerade nach der Erringung der Alleinherrschaft mit dem Triumph des Kaisers auch die Sicherung seiner

Helena, Konstantin, Constantinus Caesar, Fausta und Crispus (?).
Kameo auf dem Einband des Ada-Evangeliars. Trier, Stadtbibliothek

neuen Dynastie gefeiert worden war. In deutlicher Abgrenzung zur Tetrarchie, für die die leiblichen Angehörigen des Kaiserhauses nur Privatleute waren, hatte Konstantin am 8. November 324 demonstrativ Mutter und Gemahlin offiziell zu Augustae erhoben, das heißt zu Kaiserinnen mit gleichem protokollarischem Rang wie er selbst. Gleichzeitig war der kleine Constantius zum dritten Caesar neben Crispus und Constantinus II. proklamiert worden. Auch wenn eine Identifizierung spätantiker Porträtdarstellungen oft problematisch bleibt, darf man davon ausgehen, daß viele der auf Fresken, Mosaiken, Gemmen oder Medaillons erhaltenen Darstellungen von Personengruppen höchsten Rangs wohl nur die konstantinische Herrscherfamilie mit ihren Damen und zahlreichen Caesares zeigen können. Das kaiserliche Familienglück garantierte auch für die Zukunft dem Reich den Fortbestand des durch Konstantin geretteten Gemeinwohls und wurde schon lange vor dem Triumph über Licinius gefeiert. Im Trierer Deckenbild, das möglicherweise um 320 anläßlich der Hochzeit des Thronfolgers Crispus mit der jüngeren Helena entstanden ist, sind die Porträts, die vielleicht weibliche Mitglieder des Kaiser-

91

Ausschnitt aus dem Deckenfresko eines Hauses, auf dessen Grundstück der Trierer Dom errichtet wurde. Verbindungen mit dem konstantinischen Herrscherhaus werden durch den Fundort und durch den höfischen Stil nahegelegt. Die insgesamt vier dargestellten nimbierten Frauenfiguren galten daher lange als Angehörige dieses Herrscherhauses. Doch könnte es sich auch um Allegorien handeln. Trier, Bischöfliches Dom- und Diözesanmuseum

hauses darstellen, mit idyllischen Motiven wie nackten Eroten und Blumengirlanden umrahmt worden, um dem durch die Dynastie gesicherten Glückszustand des Staates bildlichen Ausdruck zu verleihen. Diese Motive eines «Goldenen Zeitalters» bieten einen starken Kontrast zum blutigen Ende, das einige Angehörige der Dynastie fanden: «Das Goldene Zeitalter Saturns, wer will noch danach suchen? Unseres ist sogar aus Edelsteinen, aber das eines Nero!»[117] dichtete ein Zeitgenosse und verspottete damit nicht nur die Liebe des Kaisers zum prunkvollen Ornat, sondern stellte auch Konstantin einem Kaiser an die Seite, der seine Mutter, seine Frau und seinen Adoptivbruder umgebracht hatte.

Wo etwas in Hofkreisen geheimgehalten wurde, war man damals wie heute mit Skandalgeschichten erotischer Art schnell zur Hand, und die konstantinfeindliche Tradition hat Weiteres hinzugefügt. Eine in Details schwelgende, dem Mythos von Phädra und Hippolytos nachempfundene Version bietet der arianische Kirchenhistoriker Philostorg: Fausta entbrennt in Liebe zu ihrem Stiefsohn Crispus, scheitert aber in ihren Verführungskünsten an dessen Keuschheit und rächt sich nun, indem sie behauptet, Crispus habe ihre Ehre angetastet. Wutentbrannt befiehlt Konstantin daraufhin die Hinrichtung seines Caesars. Wenig später wird Fausta allerdings vom gerechten Schicksal ereilt, nachdem sie «erneut von erotischer Begierde erfaßt wurde, und zwar nach einem der Laufboten des Kaisers, welche die Römer gewöhnlich als ‹cursores› bezeichnen»[118]. Sie wird in flagranti ertappt, worauf der Kaiser den Eunuchen den Befehl erteilt, «sie sollten, wenn sie ins Bad ginge, ihre Bedienung auch dann, wenn sie innen Protest erhebe, über eine längere Zeit hinziehen, wobei sie sich der Reihe nach gegenseitig aufhalten sollten, bis die Gattin durch die erstickende Hitze ihr Bewußtsein verloren habe»[119]. Eine eng verwandte Tradition bereichert das erotische Drama auch noch mit dem bekannten Thema des Konflikts zwischen Schwiegermutter und Schwiegertochter. Konstantins Mutter Helena beklagt den Tod ihres Enkels Crispus und wird von Konstantin damit getröstet, daß zur Vergeltung ihre Schwiegertochter Fausta umgebracht wird. Vielleicht hat allerdings gerade dieser Zug einen historischen Kern. Helenas enge Beziehungen zu ihrem ältesten Enkel könnten nämlich damit erklärt werden, daß die Gemahlin des Crispus, die ebenfalls Helena hieß, eine jüngere Verwandte war. Auch mag Helena noch Ressentiments gegen die Schwester ihrer Rivalin Theodora gehabt haben.

Man hat den Gerüchten von den erotischen Eskapaden der Fausta eine gewisse Realität angesichts der Tatsache zugebilligt, daß Konstantin im Jahr der Verwandtenmorde in seiner Gesetzgebung ein auffälliges Interesse für Sittlichkeitsdelikte zeigte. Dabei zeichneten sich die Gesetze durch eine fast hysterische Schärfe der Sanktionen aus. So ordnete der Kaiser an, Ammen, die Komplizinnen eines Brautraubs waren, *den Weg des Mundes und der Kehle, der verbrecherische Ermutigungen hervorgebracht hat, durch das Eingießen flüssigen Bleis zu schließen*[120]. Für den Räuber und die übrigen Beteiligten war die Todesstrafe durch Verbrennen vorgesehen. Ein weiteres Gesetz bestimmte, daß ein Vormund gegenüber staatlichen Behörden bei der eintretenden Heiratsfähigkeit seines weiblichen Mündels beschwören mußte, daß *die Jungfräulichkeit des Mädchens unberührt*[121] sei. Sollte sich das Gegenteil herausstellen, war er in die Verbannung zu schicken, und sein ganzer Besitz wurde vom Fiskus eingezogen. Ein anderes Gesetz wiederum enthielt wohl drakonische Bestimmungen über das Delikt des Ehebruchs. Erhalten geblieben sind allerdings nur Ausnahmeregelungen, etwa die Bestimmung, daß der Verkehr mit Kellnerinnen *wegen der Niedrigkeit ihrer Lebensführung*[122] strafrechtlich irrelevant bleiben müsse. Aber es läßt sich kaum beweisen,

Von Konstantin für seinen Sohn Crispus 324/325 geprägter Solidus (Gold).
Auf der Vorderseite Crispus mit Lorbeerkranz, auf der Rückseite sticht Crispus
einen knieenden Barbaren nieder. München, Staatliche Münzsammlung

daß diese Gesetze wirklich auf Verwirrungen im eigenen Hause reagierten. Eher ist anzunehmen, daß sich in ihnen eine zeitbedingte Verschärfung der Moralvorstellungen widerspiegelt[123] und daß die zeitliche Koinzidenz mit den Verwandtenmorden eher zufällig ist.

Da Crispus dem vermutlich nicht legitimierten Verhältnis Konstantins mit Minervina entstammte, haben andere vermutet, Konstantin habe Crispus zugunsten seiner legitimen, der Ehe mit Fausta entstammenden Söhne bewußt von der Thronfolge ausschließen wollen. Das erklärt allerdings nicht, warum er anschließend Fausta töten ließ. Man könnte zwar annehmen, daß Fausta vielleicht versucht hatte, Crispus durch Verleumdungen zugunsten ihrer eigenen Söhne auszuschalten, worauf sie vom getäuschten Konstantin ebenfalls beseitigt wurde. In diesem Fall hätte Crispus aber wieder rehabilitiert werden müssen. Wahrscheinlicher ist, daß Crispus wirklich ein Hochverratsdelikt zum Vorwurf gemacht wurde. Der Sieg über Licinius hatte das Selbstbewußtsein des Crispus stark wachsen lassen. In einer unter dem unmittelbaren Eindruck des Siegs von 324 niedergeschriebenen Passage seiner Kirchengeschichte hat Euseb das Zusammenwirken zwischen Vater und Sohn im Kampf gegen Licinius mit dem Zusammenwirken von Gottvater und Christus parallelisiert und auf das selbständige Kommando des Crispus hingewiesen: «Sodann teilten beide, Vater und Sohn, das gegen die Gotteshasser aufgestellte Heer und errangen, da ihnen Gott, der höchste König, und Gottes Sohn, der Erlöser aller, Führer und Mitstreiter waren, mit Leichtigkeit den Sieg.»[124] Konstantin wird es kaum geschätzt haben, in dieser Weise gemeinsam mit seinem Sohn genannt oder sogar von dessen jugendlicher Heldenhaftigkeit in den Hintergrund gedrängt zu werden. Gewiß hat Konstantin auch später seine Söhne mit militärischen Unternehmungen beauftragt. Aber in allen propagandistischen Äußerungen wurde doch auf deren enge Abhängigkeit und Unterordnung unter den alles lenkenden Willen des Augustus hingewiesen. Möglicherweise hatte Crispus gerade bei der Beanspruchung des Ruhms im Kampf gegen Licinius nicht mehr auf die klare Unterordnung unter den Vater geachtet und Anstoß daran genommen, daß 324 mit der Erhebung des nur sieben Jahre alten Constantius zum Caesar seine eigene Stellung weiter entwertet wurde. Vielleicht wünschte er eine Teilung der Herrschaft nach dem Muster der Doppelregierung von Diokletian und Maximian, von Konstantin und Licinius, oder vielleicht plante er sogar die Absetzung seines Vaters, der immerhin schon zwanzig Jahre geherrscht hatte, dessen Regierungszeit also nach dem von Diokletian ersonnenen Reglement abgelaufen war. Die Rolle der Fausta in diesem Komplott ist damit allerdings weiterhin offen. Ein Teil des Hofklatschs wäre erklärt, wenn sie vorübergehend an eine Ehe mit dem aufsteigenden Stern Crispus gedacht haben sollte, vielleicht in der Hoffnung, auf diese Weise ihre leiblichen Söhne über den drohenden politischen Umsturz hinweg zu retten. Fausta war mit Crispus nicht verwandt, und da ihre Schwester Theodora mit dem Vater Konstantins verheiratet war, hätte die Ehe mit dem Sohn Konstantins nur eine weitere Merkwürdigkeit in der Geschichte der Verbindungen innerhalb des herkulischen Herrscherhauses dargestellt. Möglicherweise hat sie später ihre Beteiligung am Komplott des Crispus bereut und Konstantin Anzeige erstattet, war aber schon so tief verstrickt, daß der Kaiser es vorzog, sie durch einen simulierten Badeunfall beseitigen zu lassen.

Fausta. Solidus (Gold), geprägt 325 in Ticinum (Pavia). Privatbesitz

Für die antikonstantinische Propaganda lag später nichts näher, als Verwandtenmorde und Bekehrung zum Christentum miteinander in Verbindung zu bringen. Nach der Ermordung seiner Angehörigen soll Konstantin zu den heidnischen Priestern gegangen sein, um seine Verbrechen zu sühnen: «Als diese aber sagten, daß keine Art der Sühnung so große Frevel tilgen könne, da traf ein Ägypter, der aus Spanien nach Rom gekommen war und den Frauen im Kaiserpalast ein gewohnter Umgang geworden war, mit Konstantin zusammen und versicherte zuversichtlich, daß die Glaubenslehre der Christen jede Sünde beseitige und daß sie diese Verheißung beinhalte, daß nämlich die Frevler, wenn sie diese Lehre annähmen, sofort von jeder Verfehlung frei seien. Konstantin vernahm mit Begeisterung diese Rede und ließ den Glauben der Väter im Stich.» [125]

# Die Religionspolitik nach 324

An der heidnischen Version der Bekehrung Konstantins zum Christentum ist nur so viel richtig, daß der Kaiser nach der Erringung der Alleinherrschaft sich nun offen als Christ zu erkennen gab. Wie nach dem Bürgerkriegssieg von 312 stellte ihn auch 324 die Übernahme eines weiteren Reichsteils vor neue religionspolitische Herausforderungen. In den Gebieten des Ostens waren die langen und erbitterten Auseinandersetzungen zwischen den alten Kultgemeinden der Poleis und den immer größeren Zulauf erhaltenden christlichen Kirchen durch die Verfolgungsmaßnahmen der östlichen Kaiser weiter verschärft worden. In diesem Klima konnte Konstantin kaum eine neutrale, über den Parteien stehende Position einnehmen, zumal er sich schon während des Konflikts mit Licinius immer deutlicher auf die Unterstützung der Christen festgelegt hatte und der Erwartungsdruck ihm gegenüber sehr hoch war. Selbstverständlich hob er sofort die christenfeindlichen Maßnahmen des Licinius wieder auf, sorgte für Wiedergutmachungen an die Opfer der Christenverfolgung und billigte den Kirchen des Ostens die gleichen Rechte und Privilegien zu, die sie im Westen bereits hatten. Während Maximinus Daia und zuletzt auch Licinius bei Anfragen und Bitten heidnischer Stadtregierungen immer gegen die Christen entschieden hatten, drehte nun der christlich gesonnene Konstantin den Spieß um, und die Bevorzugung der Christen wurde zur Richtschnur administrativer Entscheidungen, etwa bei der Entlassung der phrygischen Gemeinde Orkistos aus der politischen Abhängigkeit zur Nachbarstadt Nakoleia. In dem Reskript, in dem Konstantin seinen Beschluß begründete, zeigte er sich zwar auch von den übrigen Argumenten beeindruckt, die nach Meinung der Orkistener für eine Erhebung zur selbständigen Stadt sprachen – etwa die verkehrsgünstige Situation, der Bevölkerungsreichtum oder die zahlreichen Wassermühlen –, fügte aber dann die Bemerkung hinzu: *Zu diesen ganzen Dingen kommt gewissermaßen als Höhepunkt hinzu, daß, wie man sagt, alle Bewohner Anhänger der heiligsten Religion sind.*[126] Aus demselben Grund war auch der Hafenort Maiuma aus der Abhängigkeit vom palästinensischen Gaza entlassen worden und hatte mit dem neuen Stadtrecht nach der Schwester Konstantins den neuen Namen Constantia erhalten.[127] Daß nicht nur vom Kaiser selbst, sondern auch auf einer niedrigeren administrativen Ebene von nun an zugunsten der Christen entschieden wurde, war dadurch garantiert, daß für den Osten Statthalter mit christlichem Bekenntnis bevorzugt wurden, während den noch verbliebenen heidnischen Statthaltern wenigstens das öffentliche Opfer untersagt wurde. In einigen Fällen wurden heidnische Kulte ganz verboten, etwa der semitische Aphrodite-Astarte-Kult in Aphaka und vor allem in Heliopolis, bei dem Tempelprostitution und andere Fruchtbarkeitsriten ausgeübt wurden und der deshalb als besonders anstößig empfunden wurde. Das Heiligtum des Asklepios im kilikischen Aigeai wurde geschlossen, weil es in hohem Maße die Gunst der Verfolgerkaiser Decius und Valerian genossen hatte – letzterer war auf lokalen Prägungen mit den Attributen des Asklepiospriesters gefeiert worden – und weil der Heilgott Asklepios als Erlöser in direkter Konkurrenz zu Christus stand. Von den übrigen östlichen Tempeln büßten sehr viele ihren Glanz ein, weil Konstantin ihre Schätze und einen Teil ihrer künstlerischen Ausstattung beschlagnahmen ließ. Trotz dieses schweren Schlags wurden aber heidnische Kulthandlungen nicht generell verboten. Vielmehr bekannte sich Konstantin in einem zweiten Rundschreiben, das wie die Verfügung über die Wiedergutmachung an die verfolgten Christen ebenfalls unmittelbar nach dem Sieg über Licinius publiziert worden war, ausdrücklich zur Toleranz und erlaubte die Ausübung der heidnischen Religion, auch wenn er dies in abfällige Formulierungen kleidete: *Sie sollen die Tempel ihres Truges nach ihrem Willen haben.*[128] So herrschte unter Konstantin, wie ein Heide später feststellte, «zwar in allen Heiligtümern die Armut, man konnte aber an der Durchführung aller Riten teilnehmen»[129].

Ein Verbot aller heidnischen Kulte, das viele Christen von Konstantin erwarteten, hätte zu große Unruhen und Verwerfungen hervorgerufen, und wie der vorsichtige Diokletian fast zwanzig Jahre lang gezögert hatte, offensiv gegen die starke christliche Minderheit vorzugehen und mit Gewalt die religiöse Vereinheitlichung seiner Untertanen durchzusetzen, mußte Konstantin, der jetzt unter umgekehrtem Vorzeichen das gleiche zeittypische Ziel verfolgte, noch viel mehr vor einer allzu gewaltsamen Umsetzung dieses Ziels gegen die heidnische Mehrheit zurückschrecken. Gewisse heidnische Kultformen mußte Konstantin schon deshalb dulden, weil sämtliche Äußerungen des Kaiserkults bisher von der Verbindung des Kaisers mit der heidnischen Götterwelt ausgegangen waren und es eine entsprechende christliche Bildersprache für die sakrale Überhöhung, die auch der christliche Kaiser für sich weiterhin beanspruchte, noch nicht geben konnte. Die allmähliche Auffüllung der paganen Formen des Kaiserkults mit christlichen Inhalten führte zu ambivalenten Deutungsmöglichkeiten, die die feierliche Verehrung des Kaisers als ein mit dem Jenseits verbundenes Wesen für Christen und Heiden gleichermaßen annehmbar erscheinen ließen und damit integrie-

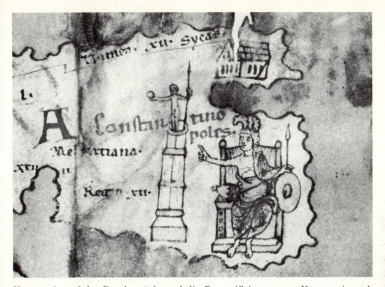

Konstantin auf der Porphyrsäule und die Personifizierung von Konstantinopel. Ausschnitt aus der «Tabula Peutingeriana», der mittelalterlichen Kopie einer spätrömischen Straßenkarte. Wien, Österreichische Nationalbibliothek

rend wirken sollten. So stand auf der zu Lebzeiten Konstantins errichteten großen Porphyrsäule in Konstantinopel eine Kolossalstatue des Kaisers, die auf dem Haupt einen siebenstrahligen Kranz trug. Die Christen konnten darin eine Anspielung auf die christusgleiche «Sonne der Gerechtigkeit»[130] erkennen, während die Heiden in diesem Bildwerk die bekannte Wiederverkörperung des Sonnengotts im Kaiser sahen. Ähnlich doppeldeutig nahmen sich einige Darstellungen auf den kaiserlichen Münzen aus, etwa das Porträt des mit einem Nimbus (dem späteren «Heiligenschein») versehenen Kaisers.[131] Dort, wo Formen des Kaiserkults beim besten Willen keine christliche Interpretation erlaubten, begnügte sich Konstantin mit Korrekturen, durch die die ärgsten Anstöße für Christen beseitigt werden sollten. Als etwa zwischen 333 und 335 die umbrische Stadt Hispellum um die Einrichtung eines neuen Tempels für die «gens Flavia», die Familie Konstantins, ersuchte, erteilte der Kaiser zwar die Genehmigung, aber nur unter der Auflage, daß *der Tempel, der unserem Namen geweiht ist, nicht durch den Trug irgendeines verderblichen Aberglaubens befleckt wird*[132]. Das bedeutete, daß heidnische Opferhandlungen zu unterlassen waren.

Mit der Tolerierung eines allmählich geläuterten Heidentums wollte sich Konstantin, der wie seine Vorgänger als «pontifex maximus» weiterhin die Oberaufsicht über alle heidnischen Kulte ausübte, nicht nur die Loyalität der heidnischen Untertanen sichern, sondern auch den milden und evolutionären Weg zur religiösen Vereinheitlichung fördern, den unter umgekehrten Vorzeichen selbst Maximinus Daia nach dem Scheitern der Christenverfolgung zumindest in seinen Erklärungen ins Auge gefaßt hatte. Auf dieses Ziel einer Integration der Nichtchristen scheint jedenfalls eine in ihrer Bedeutung allerdings sehr umstrittene Äußerung des Kaisers anzuspielen, in der er den Bischöfen den Unterschied zwischen ihrem und seinem Auftrag erklärte: *Aber ihr seid die Bischöfe derer, die innerhalb, ich dagegen der von Gott eingesetzte Bischof derer, die außerhalb der Kirche sind.*[133] Besonders sympathisierte Konstantin natürlich mit der philosophischen Spielart des Heidentums, die auf einen vagen und integrierenden Monotheismus hinauslief und die er seinen eigenen religiösen Vorstellungen immer noch als wesensverwandt empfunden haben dürfte. Aus diesem Grunde gehörte der neuplatonische Philosoph Sopatros, ein Schüler des Jamblichos, lange zu seinen Vertrauten, bis er als Opfer einer Palastintrige wegen magischer Umtriebe hingerichtet wurde. Dem Nicagoras, einem Platon nacheifernden Angehörigen der athenischen Elite und Priester des Mysterienkults von Eleusis, ermöglichte der Herrscher eine Studienreise nach Ägypten, und dieser stattete «dem überaus gottesfürchtigen Kaiser Konstantin»[134] in einem Graffito an den Königsgräbern von Theben seinen Dank ab. Für die aggressive antichristliche Richtung, die ebenfalls in der neuplatonischen Philosophie beheimatet war und durch Autoren wie Sossianus Hierocles zur ideologischen Fundamentierung der tetrarchischen Christenverfolgung beigetragen hatte, gab es unter Konstantin freilich keinen Platz mehr. Auf Befehl des Kaisers wurde die Schrift des Porphyrius «Gegen die Christen» dem Feuer übergeben.

Die als Fernziel angestrebte religiöse Vereinheitlichung des Reichs unter christlichem Vorzeichen setzte allerdings voraus, daß die Christen selbst untereinander einig waren. Konstantin reagierte enttäuscht und ungehalten, als er unmittelbar nach dem Sieg über Licinius von theologischen Auseinandersetzungen erfahren mußte, die die Kirchen des neugewonnenen Ostens in zwei erbitterte Lager spalteten. Der Konflikt hatte im ägyptischen Alexandria seinen Ausgang genommen, wo der Presbyter Arius mit seinen Gedanken über das Verhältnis zwischen Christus, dem Logos des Johannes-Evangeliums, und Gottvater die Tradition gelehrter Spekulationen aufgenommen hatte, die die philosophisch-theologische Schule des Origenes auszeichnete. Dabei hatte Arius postuliert, daß Gottvater in gleicher Weise wie die höchste Idee des Neuplatonismus nicht direkt auf die Welt einwirke, sondern sich vielmehr in seiner unermeßlichen Erhabenheit des Logos (Gottes Sohn) bediene. Der Sohn Gottes sei damit ein Geschöpf Gottes, aber vor aller Zeit, weil die Idee Gottes immer gleichzeitig auch ihre Aktualisierung in sich einschließe. Eine hierarchische Unterordnung des Geschöpfs unter den Schöpfer konnte Arius nicht offen behaupten, da diese vor Jahrzehnten bereits von Dionysios von Alexandria vorgebrachte These als häretisch verurteilt worden war. Aber trotz der subtilen theologischen Differenzierungen lief seine Lehre tatsächlich auf die Feststellung hinaus, daß Christus als Geschöpf mit Gottvater nicht gleichrangig war. Das machte seinen zunächst unverbindlich vorgetragenen Gedanken brisant und problematisch. Auch wenn Arius den göttlichen Charakter Christi nicht bezweifelte, war die Behauptung der Gegner des Arius, er sei ein «Christomache», ein tödlicher Feind Christi, in der Schärfe zwar falsch, in der Sache aber nicht ganz unbegründet. Denn letztlich wurde, worauf später Athanasius immer wieder hinwies, durch das System des Arius die Erlösungstat Gottes, nämlich der Tod Christi, in ihrer Bedeutung relativiert. Neben den subjektiv ehrlichen Bedenken gegen die Folgen der theologischen Spekulation des Arius trugen allerdings auch alte Rivalitäten zwischen dem Bischof Alexander von Alexandria und den von ihm unabhängigen Presbytern der Großstadt, aber auch die Denunziationen der schismatischen Melitianer, denen Arius zunächst nahegestanden hatte, dazu bei, daß sich die Fronten in einem komplizierten Intrigenspiel immer mehr verhärteten und Arius schließlich exkommuniziert wurde. Da dieser aber bei einigen gelehrten Bischöfen des Ostens, die wie er der Gedankenwelt des Origenes verpflichtet und Schüler des Lukian von Antiochien waren, Unterstützung fand, griff der Streit über die Kirche von Alexandria hinaus.

Konstantin schickte seinen kirchenpolitischen Berater Ossius von Córdoba nach Alexandria und gab ihm einen Brief mit, in dem beide Parteien zur Eintracht ermahnt und ihre Auseinandersetzungen in der Sache für belanglos erklärt wurden: *Ich erfahre also, daß der gegenwärtige Streit auf folgende Weise begonnen hat. Als du, Alexander, deine Priester gefragt hast, was wohl ein jeder von ihnen über eine bestimmte Stelle in der Bibel oder eher über irgendeine überflüssige Frage empfinde, da hast du, Arius, das, worüber man von Anfang an nicht hätte nachdenken sollen oder was man, wenn man schon darüber nachdenkt, mit Schweigen hätte übergehen müssen, unvorsichtig vorgebracht [...]. Fragen dieser Art schreibt kein gesetzlicher Zwang vor, sondern sie sind alle nur Erzeugnisse aus unnützer Faulheit geborener Streitsucht. Auch wenn sie der philosophischen Übung wegen bisweilen gestellt werden, sollten wir sie doch innerhalb unseres Geistes einschließen und nicht bereitwillig in öffentlichen Versammlungen vorbringen noch dem Gehör aller ohne Besinnung anvertrauen [...]. Beide Seiten, die Leute mit den unvorsichtigen Fragen und diejenigen mit den unbedachten Antworten, sollten sich gegenseitig Verzeihung gewähren. Denn eure Streitigkeiten sind ja nicht über die Hauptsache der im Gesetz gemachten Verkündigung ausgebrochen, noch findet ihr irgendein neues Dogma über die Verehrung Gottes. Sondern ihr habt ein und dieselbe Meinung, gleichsam wie eine Verabredung eurer Gemeinschaft. Ihr streitet euch nämlich untereinander nur um kleine und allzu geringe Dinge.*[135] Die demonstrative Gleichgültigkeit gegenüber der theologischen Ebene der Auseinandersetzung, die aus diesen Zeilen hervorgeht, ist wohl nicht damit zu erklären, daß Konstantin jede philosophisch-theologische Spekulation an sich völlig fremd war. In einem Brief an die Kirche von Nicomedia versuchte er sich kurze Zeit später vielmehr selbst in Gedanken über das Verhältnis zwischen dem Vater und dem Sohn, der *im ungeteilten Hervorgehen gezeugt wurde*[136]. Und immer wieder fand der Kaiser die Muße, vor «unzähligen Scharen, die den philosophierenden Kaiser hören wollten»[137], seine in schlaflosen Nächten verfaßten theologischen Reden vorzutragen. Eine dieser Predigten, die an einem Karfreitag gehaltene sogenannte Rede an die Versammlung der Heiligen, ist sogar in einer freieren griechischen Übersetzung des lateinischen Originals erhalten geblieben. Daß er dabei ausdrücklich die Zuhörer aufforderte zu helfen, *damit, wenn irgendein Fehler hinsichtlich meiner Worte unterlaufen sollte, ihr genau folgt und ihn verbessert*[138], weist allerdings darauf hin, daß er die meisten theologischen Aussagen nicht als verbindliche Wahrheiten, sondern eher als rhetorische Varianten betrachtete, die man um eine recht einfache religiöse Auffassung des Christentums drapieren konnte.

Diese Auffassung kommt etwa in den einleitenden Bekenntnissätzen eines Schreibens Konstantins an den Perserherrscher Schapur zum Ausdruck, das man als einen «Grundriß der konstantinischen Theologie»[139] bezeichnet hat: *Da ich die Gewalt dieses Gottes als Bundesgenossin hatte, habe ich, von den Grenzen des Ozeans angefangen, nacheinander den ganzen Erdkreis durch sichere Hoffnung auf Rettung ganz aufgeweckt, so daß alles, was unter den so schlimmen Tyrannen unterdrückt war und, den täglichen Unglücksschlägen ausgeliefert, zu verlöschen drohte, nun an der Rächung des Gemeinwesens teilnahm und gleichsam wie durch eine Heilung neu belebt wurde. Diesen Gott verehre ich, dessen Zeichen mein Heer auf den Schultern trägt, das Gott geweiht ist und das dorthin eilt, wohin auch immer es das Wort des Gerechten ruft. Und davon eben erhalte ich in glänzenden Siegeszeichen sofort den Dank zurück.*[140] In Christus sah Konstantin offenbar vor allem den mächtigen Schutzgott, der ihm als Belohnung für seine Dienste, insbesondere für die Verteidigung der christlichen Religion, die Alleinherrschaft im Kampf gegen die Christenverfolger verschafft hatte und seiner Armee durch die magische Wirkung des Christogramms immer wieder den Sieg schenkte.

Gegenüber den einfachen Vorstellungen Konstantins, dem neben dem Bündnis von Gott und kaiserlicher Macht andere Aspekte des Christentums sekundär erscheinen mochten und dem die Einheit der Kirche wichtiger war als theologische Subtilitäten, beharrten die streitenden Parteien auf der Bedeutung ihres theologischen Konflikts und setzten ihren Kampf fort. Wie schon im Donatistenstreit strebte Konstantin nun dadurch eine Lösung an, daß er eine bischöfliche Synode organisieren ließ. Seitdem Licinius die Synoden verboten hatte, waren ohnehin auch andere Fragen, die die Kirchen des Ostens betrafen, offengeblieben, vor allem der umstrittene Ostertermin, das melitianische Schisma oder die Frage nach dem Verhältnis zwischen den Metropolitanbischöfen und den anderen Bischöfen einer Provinz. In der regionalen Synode von Antiochia, an der auch Ossius von Córdoba teilgenommen hatte, war zunächst für das Frühjahr 325 ein größeres Treffen in Ankyra verabredet worden, bis der Kaiser auf den Gedanken kam, die Synode in unmittelbare Nähe zur kaiserlichen Residenz Nicomedia zu verlegen und in eigener Person in Nicaea, der «genau geeigneten Stadt, die vom Sieg [griechisch: nike] ihren Namen hatte»[141], mit den Bischöfen der durch seinen Sieg befreiten Kirchen zusammenzutreffen. In der glanzvollen Versammlung, die den gesamten christlichen Erdkreis vertreten sollte – anwesend waren de facto allein Bischöfe des Ostens, der Bischof von Rom hatte nur zwei Legaten geschickt –, fand Konstantin einen würdigen Rahmen seiner triumphalen Selbstdarstellung: «Auf ein Zeichen, das den Einzug des Kaisers anzeigte, erhoben sich alle, und er selbst durchschritt die freigelassene Mitte wie ein himmlischer Bote Gottes, strahlend im glänzenden Gewand wie vom Flimmern des Lichts, erleuchtet von den feurigen Strahlen des Purpurs und geschmückt durch den lichten Glanz von Gold und kostbaren Steinen.»[142]

Daß in den anschließenden Sitzungen der Synode in Anwesenheit des Kaisers nun die Auffassungen des Arius verurteilt wurden, bedeutet nicht, daß Konstantin aus tiefer Überzeugung zum Anhänger der Richtung geworden war, die sich später selbst als «rechtgläubig» (orthodox) bezeichnete. Dann wären die späteren Wendungen seiner Religionspolitik in der Tat unverständlich. Vielmehr hoffte Konstantin, für die Zukunft Streitigkeiten theologischer Natur auszuschließen und die Einheit, die im glanzvollen Schauspiel der zusammentretenden Bischöfe zum Ausdruck gebracht worden war, dadurch festzuhalten, daß sich alle auf ein schriftliches Glaubensbekenntnis festlegten. Der ursprüngliche Entwurf, den Euseb von Caesarea mit dem Einverständnis des Kaisers formuliert hatte, war absichtlich vage gehalten, um einen breiten Konsens zu erzielen. Er bezeichnete Christus als «Gott von Gott, Licht von Licht, Leben aus dem Leben»[143], was auch den mit Arius Sympathisierenden als durchaus tragbar erscheinen konnte. Die Gegenseite setzte präzisierende Zusätze durch. Der Sohn Gottes wurde als «wahrer Gott vom wahren Gott»[144] definiert, und das Problem des Verhältnisses von Geschöpf und Schöpfer dadurch gelöst, daß der Sohn Gottes als «gezeugt und nicht geschaffen»[145] gelten sollte. Vor allem aber wurde der Sohn ausdrücklich als «wesensgleich [griech.: homoosios] mit dem Vater»[146] bezeichnet. Konstantin war auch mit dieser Formel zufrieden, an deren

103

Kaiser Konstantin und die Väter von Nicaea. Ikone aus der Sophien-Kathedrale von Nowgorod. Auf der unteren Bildebene werden die konträren theologischen Positionen veranschaulicht: Links erscheint dem Märtyrer Petrus von Alexandria († 311) Christus als wesensgleich mit Gottvater, rechts erleidet der Häretiker Arius den verdienten Tod: Die Gedärme treten ihm aus dem Leib.

Zustandekommen er selbst mitgewirkt hatte. Denn ihr hatten sich fast alle Konzilsteilnehmer gefügt, mit Ausnahme von zwei libyschen Bischöfen, Secundus von Ptolemais und Theonas von Marmarica, die vom Beginn des Streits an auf der Seite ihres Landsmanns Arius gestanden hatten. Wichtiger als der Inhalt der Einigung war dem Kaiser, daß unter

104

seiner starken Pression die Kircheneinheit wiederhergestellt war, nachdem auch die anderen Streitfragen einvernehmlich geregelt worden waren. Konstantin konnte daher den anwesenden Bischöfen zufrieden erklären, er habe durch die Wiederherstellung der in der Zeit des Licinius zerstörten Einheit *diesen zweiten Sieg gegen den Feind der Kirche*[147] davongetragen, und lud sie kurze Zeit später zu einem gemeinsamen Bankett anläßlich seines zwanzigsten Regierungsjubiläums in die Residenz von Nicomedia ein.

Entgegen den Hoffnungen Konstantins war aber die Diskussion mit dem auf seinen Druck hin formulierten Glaubensbekenntnis von Nicaea nicht beendet. Denn der Bischof der Metropole Antiochia, Eustathius, wagte sich zu weit in der radikalen Interpretation der «Wesensgleichheit» vor und geriet dabei in die Nähe der dem Arianismus entgegengesetzten Häresie der Sabellianer, die eine Identität von Gott-Vater und Sohn behauptet hatten. Unter dem Vorwand unmoralischer Lebensführung wurde er wahrscheinlich im Jahre 327 von einer Synode abgesetzt, in der sein Gegner Euseb von Caesarea dominierte. Paulinus von Tyrus, ein Freund des Euseb, wurde Nachfolger des abgesetzten Bischofs. Die Richtung des Euseb von Caesarea, die in der Festsetzung der «Wesensgleichheit» durch das Nicaenum noch keine Verurteilung einer theologisch verfeinerten Parteinahme für die Positionen des Arius sah, hatte damit den Sitz der zweitgrößten Stadt des römischen Ostens für sich gewonnen. Daß auch Konstantin gegenüber der engen und radikalen Auslegung des Glaubensbekenntnisses durch Eustathius die großzügige Interpretation der Gegenrichtung vorzog, machte er deutlich, indem er den abgesetzten Eustathius nach Thrakien verbannte. Zum gleichen Zeitpunkt lenkte er auch gegenüber Euseb von Nicomedia und Theognis von Nicaea ein. Sie waren von ihm verbannt worden, weil sie zwar die Glaubensformel der Synode unterschrieben, sich aber dann geweigert hatten, Arius zu exkommunizieren. Euseb waren auch seine guten Kontakte zum Verhängnis geworden, die er stets zum Hof des Licinius hatte aufrechterhalten können und die Konstantin veranlaßt hatten, ihn als *Miteingeweihten der tyrannischen Grausamkeit*[148] zu schmähen. Jetzt wurden beide Bischöfe zurückgerufen. Unmittelbar zuvor war Arius selbst wieder in den Schoß der Kirche aufgenommen worden, vermutlich in einer neuen Synode, die Konstantin für die Jahreswende 327/28 nach Nicomedia berufen hatte. Doch sind die Einzelheiten dieser Ereignisse in ein tiefes Dunkel gehüllt, weil die orthodoxe Geschichtsschreibung es vorgezogen hat, sie zu ignorieren.

Konstantin selbst dürfte in der Aufhebung der Exkommunikation des Arius nur die Fortsetzung seines Bemühens um die Einheit der Kirche gesehen haben. Da Arius bereit war, dem Nicaenum ähnliche Formeln zu akzeptieren, konnte er nach Ansicht des Kaisers auch ohne weiteres wieder in sein Presbyteramt zurückkehren und damit der Streit beendet wer-

Konstantin mit dem Banddiadem und aufwärts gerichtetem Blick. Goldmedaillon zu 1¹/₂ Solidi, 326/327 in Siscia geprägt. London, British Museum

den. Hier stieß Konstantin aber auf den erbitterten Widerstand des Athanasius, der 328 als Nachfolger des verstorbenen Alexander zum Bischof von Alexandria gewählt worden war. Der neue Bischof war nicht bereit, einen seiner Ansicht nach immer noch exkommunizierten Häretiker in die Kirche von Alexandrien aufzunehmen, auch nicht als Konstantin ihm ernsthaft drohte: *Da du nun meinen Willen kennst, gewähre allen, die die Kirche betreten wollen, ungehinderten Zugang. Wenn ich nämlich erfahre, daß du von ihnen irgendwen, der an der Gemeinde teilnehmen wollte, gehindert oder vom Eintritt ferngehalten hast, werde ich sofort jemanden schicken, der dich auf meinen Befehl hin absetzen und deportieren soll.*[149] Einen derart gravierenden Eingriff in seine Autorität wollte der machtbewußte Athanasius um keinen Preis hinnehmen, zumal er wie alle am Streit Beteiligten subjektiv davon überzeugt war, in Glaubensfragen im Recht zu sein, und diese Überzeugung mit einer bisher noch nicht gekannten Militanz durchzusetzen versuchte. Trotz dieser offenen Widersetzlichkeit war Konstantin nicht so weit der Sache des Arius verpflichtet, daß er seine Drohungen wahr machte und Athanasius absetzte. Als die Gruppe um den Hofbischof Euseb von Nicomedia, die Bischöfe von Palästina und Syrien und die Melitianer auf verschiedenen Fronten dem Athanasius Kämpfe lieferten, die an komplizierten Intrigen reich waren, und keine der beteiligten Parteien dabei vor unsauberen Mitteln zurückschreckte, bemühte sich Konstantin vielmehr immer wieder, auch dem Athanasius gerecht zu werden, empfing ihn sogar in seiner Landvilla Psamathia persönlich und sprach ihn von den gegen ihn erhobenen Anklagen frei. Selbst nachdem Athanasius in der Synode von Tyrus-Jerusalem 335 abgesetzt worden war, schickte Konstantin ihn zwar kurze Zeit später nach Trier in die Verbannung, aber wohl nicht, um damit den Synodalbeschluß durchzusetzen. Vielmehr waren in der Zwischenzeit neue Anklagepunkte gegen Athanasius vorgebracht worden, insbesondere daß er angeblich damit gedroht hatte, von Alexandrien aus keine Getreideschiffe mehr nach Konstantinopel fahren zu lassen. Bei der Erörterung dieser Anklagen hatte Athanasius in Anwesenheit des Kaisers die Selbstbeherrschung verloren, und der Kaiser hatte dies entsprechend sanktioniert. Eine gütliche Einigung behielt sich Konstantin freilich dadurch vor, daß er Athanasius (und nicht einen der Kandidaten der Gegenpartei wie Pistus oder Johannes Archaph) weiterhin als den rechtmäßigen Bischof von Alexandrien anerkannte. Es ist nicht einmal sicher, ob er plante, die Exilierung des Athanasius dazu zu nutzen, Arius wieder ungestört in Alexandrien wirken zu lassen. Dieser starb 336, als er in Konstantinopel in einer Synode seine Orthodoxie zu verteidigen suchte. Die Details seines Todes in einer öffentlichen Latrine hat Athanasius triumphierend und mit allen unappetitlichen Details in seinem Brief an Serapion beschrieben.

Bis zum Ende seines Lebens vermied Konstantin eine eindeutige Parteinahme zugunsten einer der streitenden Richtungen, auch wenn ihm die Richtung des Hofbischofs Euseb insgesamt am nächsten stand. Diese Zurückhaltung hatte neben dem stetigen Wunsch, eine Einigung durch friedliche Mittel herbeizuführen, wohl noch einen anderen Grund, nämlich die Auffassung, die er von seiner Beziehung zu den Bischöfen hatte. Wenn sich Konstantin nach hellenistischem Vorbild auf Münzen und Bildwerken mit zum Himmel gerichteten Augen darstellen ließ, wurde damit suggeriert, daß er ständig in direkter Verbindung mit der göttlichen Macht stand. «Gleichsam wie ein Teilhaber der heiligen Weihen»[150] zog sich der Kaiser zu bestimmten Stunden in die innersten Gemächer seines Palastes zum Gebet zurück. Für seinen Hof hatte er «Riten einer Gemeinde Gottes»[151] eingerichtet und leitete in eigener Person gottesdienstliche Handlungen. Der Bischof Euseb versuchte dieses neue Phänomen eines sakralen Kaisertums, das neben und konkurrierend zur Kirche in Beziehung zum christlichen Gott getreten war, dadurch erklärbar zu machen, daß er Konstantin als einen Kollegen charakterisierte, als einen «(allen) gemeinsamen, gleichsam von Gott eingesetzten Bischof»[152]. Dem bischöflichen Wunschdenken entsprach Konstantin, indem er sich in der von ihm gepflegten Demutsrhetorik höflich als *Mitknecht*[153] der Bischöfe bezeichnete. Aber in Wirklichkeit begnügte er sich keineswegs damit, in der Synode kollegial «mitten unter ihnen wie ein einziger unter den vielen»[154] zu sitzen, sondern übernahm im Falle seiner Anwesenheit auch de facto die Leitung. Die Analogie zu den vom Kaiser geleiteten Senatssitzungen mag hier eine Rolle gespielt haben, ein größeres Gewicht hatte aber eine Ideologie, die den Kaiser in immer höhere Sphären entrückte. Als charismatischer *wahrer Diener Gottes*[155] beanspruchte Konstantin zwar nicht mehr wie Diokletian eine Abstammung von den Göttern oder die Teilhabe an der göttlichen Wirkungsmacht, wohl aber einen Rang, der ihn in unermeßlicher Erhabenheit über die Bischöfe stellte. Seine persönliche Autorität erlaubte es ihm, diese Distanz auch in der unmittelbaren Kirchenpolitik zumindest partiell zum Ausdruck zu bringen.

# Innenpolitische Reformen und außenpolitische Erfolge

In einem Gesetz aus dem Jahre 334 verlieh Konstantin den Schiffseignern im Osten des Reichs Privilegien, um die Getreideversorgung der Stadt sicherzustellen, *welche wir auf Befehl Gottes mit einem ewigen Namen beschenkt haben*[156]. Über die mit der Gründung Konstantinopels verbundenen Absichten verrät dieses knappe Selbstzeugnis wenig, da Konstantin für fast alle seine Akte göttliche Inspiration in Anspruch nahm. Im späten Gestrüpp von erbaulichen und pseudogelehrten Legenden, die sich im frühmittelalterlichen Konstantinopel um die zum mythischen Ereignis gewordene Stadtgründung rankten, wurde in zahlreichen Varianten berichtet, Konstantin sei vom Willen geleitet gewesen, das alte Rom durch eine neue Hauptstadt zu ersetzen. Wie Aeneas, der lange Zeit nach dem geeigneten Ort für die Ansiedlung der Troianer suchen mußte und erst nach vielen Mißerfolgen den richtigen Platz für die Gründung Roms fand, soll auch Konstantin zunächst über seine Mission im unklaren gewesen sein. Berichtet wird von gescheiterten Gründungsversuchen in Thessalonike, in Chalkedon, vor allem aber in Troja bzw. Ilion, das heißt an dem Ort, von dem aus Aeneas nach Rom aufgebrochen und wohin Konstantin in der Absicht, die Geschicke Roms zu vollenden, zurückgekehrt sein soll. Nur ein göttlicher Wink habe Konstantin von diesem naheliegenden Irrtum abhalten können: «Als er mit dieser Arbeit [in Ilion] beschäftigt war, erschien ihm Gott in der Nacht und gab ihm das Orakel, einen andern Ort zu suchen. Und indem Gott ihn im Traum nach Byzanz in Thrakien auf das dem bithynischen Chalkedon entgegengesetzte Ufer trug, offenbarte er ihm, dort seine Stadt zu gründen und sie nach seinem Namen Konstantin zu benennen. Er gehorchte den göttlichen Worten, dehnte das frühere Byzanz über einen großen Raum aus und umschloß es mit sehr starken Mauern.»[157] Nach einer anderen Version soll ein Adler die Seile, mit denen die Bauplätze abgegrenzt wurden, aufgehoben und nach Byzanz gebracht haben, um so den richtigen Ort für die Neugründung zu bezeichnen.[158]

In diesen Berichten wird verkannt, daß Konstantin sich in Wirklichkeit von Anfang an über den Ort seiner Stadtgründung im klaren war.

Spätestens seit 326 wurden nämlich Münzen geprägt, die im Abschnitt die Legende CONS zur Bezeichnung der Prägestätte trugen und damit auf die schon vollzogene Umbenennung zu Konstantinopel hinwiesen. Diese Umbenennung erfolgte vermutlich bereits am 8. November 324, parallel zur Erhebung des jungen Constantius zum neuen Caesar, und sollte für immer an den über Licinius errungenen Sieg erinnern: «Konstantin aber nannte nun Byzanz nach sich selbst Konstantinopel zum Gedenken an seinen herausragenden Sieg.»[159] Schon die Lage von Byzanz, das noch in Europa, aber unmittelbar an der Grenze zu Asien lag, verwies auf die siegreich erfochtene Einigung der westlichen und östlichen Gebiete. Auf die Idee, gerade Byzanz zum Siegesmonument zu erheben, war aber Konstantin wohl vor allem deshalb gekommen, weil er längere Zeit vor den Mauern dieser Stadt gelagert hatte, bevor die Meerengen durch Crispus freigekämpft worden waren und der Kampf im gegenüberliegenden Chrysopolis den Krieg beendet hatte. Bei der Belagerung der Stadt soll Konstantin, «als alle schliefen, ein Licht, das das Lager des eigenen Heers umglänzte»[160], gesehen haben, womit dieser Platz als Ausgangspunkt für die neue Stadtgründung gewissermaßen durch eine überirdische Macht legitimiert war. Noch im Mittelalter scheint man gewußt zu haben, daß das im Feldzug von 324 aufgeschlagene Lager das Zentrum der neugegründeten Stadt bildete. Jedenfalls erzählte man sich, das Forum Konstantinopels habe nach dem runden Kaiserzelt seinen kreisrunden Grundriß erhalten.[161]

Die prestigeträchtige Neugründung einer Stadt zur Erinnerung an einen eigenen Sieg war eine Praxis, die die römischen Monarchen aus dem Hellenismus übernommen hatten. Nach dem Sieg von Actium ließ Octavian-Augustus an der Stelle des Lagers seiner Truppen die Actia Nicopolis (Siegesstadt von Actium) gründen. Trajan, der in der römischen Tradition wegen seiner militärischen Erfolge als das Modell eines besonders tüchtigen Kaisers galt und mit dem auch Konstantin wetteiferte, hatte gerade im Balkanraum, in dem Konstantin sich in den letzten Jahren vor dem Kampf gegen Licinius aufgehalten hatte, gleich mehrere Stadtgründungen vorgenommen, die an seine Siege erinnern sollten, etwa Nicopolis ad Istrum oder Tropaeum Traiani (Siegesmal Traians). Sie könnten unmittelbares Vorbild für Konstantinopel gewesen sein. Daß die neue Stadtgründung dabei den Namen des Kaisers erhielt, war ebensowenig originell. Einer schon bestehenden oder auch erst neu zu errichtenden Stadt den eigenen Namen oder den Namen anderer Angehöriger des Herrscherhauses zu geben, gehörte seit Philipp II. von Makedonien und seinem berühmten Sohn Alexander dem Großen bis in die Spätantike zum Repertoire dynastischer Selbstdarstellung. Das ägyptische Alexandria hat bis heute den Namen seines Gründers behalten, aber selbst einige der spätantiken Stadtbenennungen haben überlebt, etwa Konstanz (nach Constantius I.) oder Grenoble (aus Gratianopolis nach Gratian). Diesem Brauch entsprechend hatte Konstantin schon vor der Gründung Konstantinopels die von Maxentius zerstörte afrikanische Stadt Cirta als Constantina, heute Constantine, neu gründen lassen, und den gleichen Namen hatte später eine kleine Ortschaft in der Nähe des phönikischen Arados erhalten.

Die Gründungen früherer Kaiser waren Städte, die allenfalls wie im Falle von Adrianopel eine beachtliche Mittelgröße erreichten. Vermutlich hatte Konstantin auch für seine Stadt am Bosporus ursprünglich relativ überschaubare Dimensionen vorgesehen, die nur die alte Stadt mit der «severischen» Mauer und das Lager umfaßten. Wenn Konstantin bald nach 325 in seiner Rede an die «Versammlung der Heiligen» ohne weitere Präzisierung von der *großen Stadt*[162] schlechthin sprach, meinte er damit noch nicht Konstantinopel, sondern seine um diese Zeit bevorzugte Residenz Nicomedia. Erst 328 wurde für Konstantinopel der Verlauf einer neuen Mauer festgelegt, «die fünfzehn Stadien [ca. 3 km] von der alten Mauer entfernt war, und die Landenge von dem einen Meer zum anderen durchschnitt»[163]. Philostorg erzählt, die Gefährten des Kaisers hätten, als der Kaiser mit einem Speer seine Neugründung rundherum abgeschritten habe, den ausgemessenen Umfang dieser neuen Mauer übertrieben groß gefunden, und einer von ihnen habe geradeheraus gefragt: «Bis wohin noch, Herr?»[164] Worauf Konstantin, von «irgendeiner himmlischen Macht»[165] geführt, geantwortet haben soll: *Bis der vor mir stehen bleibt.*[166]

Um die überdimensionierte neue Stadt möglichst rasch künstlerisch ausstatten zu können, schreckten die Stadtarchitekten nicht davor zurück, zahlreiche Kunstwerke aus dem griechischen Mutterland und aus Kleinasien zusammenzutragen, darunter die heute noch in Istanbul stehende Schlangensäule, das Weihgeschenk, das die griechischen Stadtstaaten nach ihrem Sieg über die Streitmacht des Perserkönigs Xerxes in Delphi hatten aufstellen lassen und das nun die Mittelachse der Pferderennbahn schmückte. «Konstantinopel», so schreibt der gegenüber Konstantin distanziert eingestellte Kirchenvater Hieronymus, «wurde durch die Entblößung fast aller Städte errichtet»[167]. Dabei wurde das in der Spätantike üblich gewordene Verfahren, ältere Kunstwerke oder Bauteile als Spolien in einen rasch errichteten Neubau zu integrieren – der Konstantinsbogen ist auf diese Weise mit großen Staatsreliefs aus trajanischer und hadrianischer Zeit geschmückt worden –, nun im großen Stile angewandt. Um die überdimensionierte Stadt rasch zu bevölkern und Privathäuser zu errichten, wurden durch materielle Anreize und Privilegien Menschen zur Ansiedlung gewonnen. Zwar konnten die Bauarbeiten insgesamt bis zum Tode Konstantins nicht abgeschlossen werden, doch war bald so viel von der Stadt fertiggestellt, daß am 11. Mai 330 die offizielle Einweihung stattfand.

Die archäologischen Reste aus der konstantinischen Zeit sind überaus

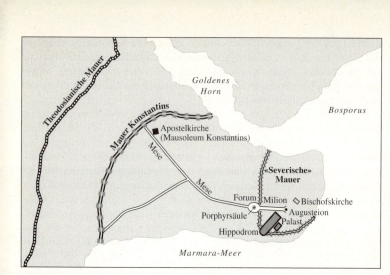

Konstantinopel um 340. Die moderne Küstenlinie der Landzunge ist erst durch Aufschüttungen entstanden. Zu Lebzeiten Konstantins war die Landzunge schmaler, weshalb Zosimos von einem «Isthmus» sprechen kann.

spärlich, und es gibt nur noch vage Anhaltspunkte für die Rekonstruktion des ursprünglichen Stadtplans. Neben dem noch innerhalb der alten Stadtmauer gelegenen Zentralplatz, dem sogenannten Augusteion, lagen der Hippodrom und der Komplex des Großen Palastes. Vom Milion, dem in Form eines Bogens errichteten Analogon zum römischen «Goldenen Meilenstein», führte die Hauptstraße, die Mese, zum schon außerhalb der alten Stadt gelegenen Forum Konstantins. Nach etwas mehr als einem weiteren Kilometer gabelte sich die Mese, und ihre beiden Zweige bildeten einen bis zur neuen Mauer reichenden Fächer. Der nördliche Zweig führte dabei an der Grablege Konstantins vorbei, die auf einer Erhebung in der Nähe der Stadtmauer errichtet worden war.

Trotz der wenigen bekannten Details kann man aber annehmen, daß die Architekten Konstantins sich bei ihrer Planung besonders nach den ihnen vertrauten Modellen richteten, nämlich den großen tetrarchischen Residenzen. Jeder der vier Tetrarchen hatte in einer oder in mehreren Städten seines Reichsteils große Paläste und weitere für die höfische Zentrale notwendige Gebäude errichten lassen, und zwar Diokletian in Antiochia und Nicomedia, Galerius in Serdica und Thessalonike, Maximian in Mailand, Aquileia und Córdoba, Constantius in Trier. Die Anlagen von Nicomedia, der Stadt, in der Licinius gefangengenommen worden war und die Konstantin als Residenz immer wieder gerne aufsuchte, waren nach dem Urteil des Historikers Ammianus Marcellinus so imposant, daß man sie «für ein Viertel der Ewigen Stadt»[168] hätte halten können. Und Laktanz, der jahrelang in Nicomedia tätig war, wirft Diokletian sogar eine spezifische Form des Wahnsinns vor, die sich in unersättlicher Bauleidenschaft und in der verzweifelten Bestrebung geäußert haben soll, die Größe seiner Residenz Nicomedia «der Stadt Rom anzugleichen»[169]. Besonders deutlich sind die architektonischen Parallelen Konstantinopels zur Residenz von Thessalonike, in der genau die gleiche Verbindung von Palast und Hippodrom archäologisch nachweisbar ist, so daß das stadtrömische Modell von Palatium und Circus mit großer Wahrscheinlichkeit nur indirekt über die tetrarchischen Anlagen nach Konstantinopel vermittelt worden ist.

Unter den Tetrarchen war Rom freilich weiter das ideelle, durch zahlreiche Privilegien und großzügige Baumaßnahmen geförderte Zentrum

Die Residenz von Córdoba. Vermutlich von Maximian im Zusammenhang mit Feldzügen in Spanien und Mauretanien errichtet.

Ansicht des Hippodroms und seiner Umgebung in Konstantinopel.
Kupferstich, in: Onofrio Panvinio: De ludis circensibus. Venedig 1600

Wendekurve des Hippodroms von Süden mit den zugesetzten Ziegelbögen

des gesamten römischen Reichs, gerade weil das römische Reich unter mehrere, in einem komplizierten Gleichgewichtssystem gemeinsam regierende Herrscher aufgeteilt war und keine der tetrarchischen Residenzen die Einheit des Reiches so verkörpern konnte wie Rom. Auch Konstantin hatte, nachdem er 312 in den Besitz der Stadt gelangt war, diese Förderungspolitik übernommen und die großen Baumaßnahmen des Maxentius fortgeführt, nicht zuletzt, um seinen Vorrang vor den Kaiserkollegen zu demonstrieren, den er allein schon durch den Besitz der Ewigen Stadt innehatte. Grenzkämpfe und Bürgerkriegsvorbereitungen machten es allerdings unmöglich, dort dauerhaft zu residieren, und selbst nach der Erinnerung der Alleinherrschaft konnte er aus strategischen Gründen kaum auf Dauer in das grenzferne Rom zurückkehren. Aber die strategischen Notwendigkeiten erzwangen auf der anderen Seite auch nicht die Gründung einer neuen Stadt am Bosporus. Vielmehr genügten in dieser Beziehung die vielen vorhandenen Residenzen, zwischen denen der Kaiser auch nach der Gründung Konstantinopels hin und her reiste. Gerade Serdica, Thessalonike oder Nicomedia waren der von den nördlichen Barbaren bedrohten Donaugrenze hinreichend nahe.

Die geplanten Dimensionen Konstantinopels machten deutlich, daß es um mehr ging als um eine neue Residenz. Vielmehr sollte eine Stadt entstehen, die Rom gerade die Stellung als einzigem ideellem Zentrum des Reichs streitig machte und deshalb an repräsentativer Würde der alten Kapitale nahekam. Den neuen Bewohnern ließ Konstantin «eine völlig ausreichende Getreideversorgung zukommen und sorgte in dieser Stadt für die übrige Ordnung des Gemeinwesens in aufwendiger Weise, so daß es für einen dem früheren Rom gleichwertigen Ehrenrang genügte»[170]. Wie die alte Hauptstadt wurde Konstantinopel in vierzehn Regionen eingeteilt. Die Stadt wurde aus der gewöhnlichen Provinzialverwaltung eximiert und erhielt einen eigenen «Senat zweiten Rangs»[171].

Gewichtige religiöse Gründe, Rom den Rücken zu kehren und eine neue Hauptstadt zu gründen, kann Konstantin nicht gehabt haben. Rom war nicht nur die Stadt des kapitolinischen Jupiter, sondern auch die Stadt der Apostelgräber und der großen Basiliken, deren Errichtung durch Konstantin selbst gefördert wurde. Die Lateranbasilika hatte Konstantin bald nach dem Sieg über Maxentius auf einem römischen Hausgrundstück der Fausta und auf dem planierten Gelände der Kaserne der «Equites Singulares» errichten lassen, während St. Peter zwar erst nach 324 mit großen Landgütern aus der Reichshälfte des besiegten Licinius dotiert, aber wahrscheinlich schon früher gegründet worden war. Konstantinopel wiederum ist offenkundig nicht als rein christliche Stadt angelegt worden, vielmehr blieben heidnische Kultstätten wie die der Dioskuren stehen, und es wurden anscheinend sogar neue Tempel wie die für die Göttermutter Rhea und die Tyche von Rom errichtet. Selbst im ausgehenden vierten Jahrhundert waren die heidnischen Tempel «noch

Innenansicht von San Giovanni in Laterano in Rom. Zustand vor den Umbauten 1650. Fresko von Filippo Gagliardi, 17. Jahrhundert; Rom, San Martino ai Monti

nicht völlig verschwunden»[172]. Dagegen ist für die wenigsten Kirchen von Konstantinopel der konstantinische Ursprung gesichert, auch wenn später fast alle Kirchen für sich eine Stiftung durch den heiligen Stadtgründer in Anspruch nahmen und dementsprechend die byzantinischen topographischen Handbücher den Eindruck erwecken, Konstantin habe systematisch lokale heidnische Heiligtümer in christliche Kirchen umgewandelt. Sicher dürfte sein, daß nach der Wiederherstellung des Kirchenfriedens die zerstörte Bischofskirche von Byzanz, die Hagia Eirene, neu errichtet wurde, während mit dem Bau ihrer berühmteren Schwester, der Palastkirche Hagia Sophia, erst um 350 unter dem Sohn Konstantins begonnen wurde. Bei einem weiteren berühmten Sakralbau Konstantinopels, dem Komplex der Apostelkirche, in dem Konstantin und seine Nachfolger ihre Gräber hatten, wird in der Forschung heftig über die Entwicklungsphasen gestritten. Vielleicht ließ Konstantin nur ein kreisrundes Mausoleum errichten, und die Apostelkirche selbst wurde erst später auf Befehl des Constantius hinzugefügt. Oder aber er wurde in dem kreuzförmigen Zentralbau der Kirche bestattet und sein Grab erst später auf Veranlassung seines Sohnes in einen angefügten Rundbau verlegt. Auch wenn die zweite Möglichkeit als wahrscheinlicher gelten muß und damit der Hauptbau selbst tatsächlich in konstantinische Zeit zu datieren ist, geht aus den Beschreibungen Eusebs hervor, daß dieser Bau von seiner ganzen Konzeption her eher ein Mausoleum, das der Verherrlichung des Kaisers diente, als eine wirkliche Kirche war.

Von diesem Mausoleum führte die Hauptachse stadteinwärts zu der 50 Meter hohen Porphyrsäule mit der Kolossalstatue des Kaisers. Selbst Christen «versuchten das Bild Konstantins, das auf der Porphyrsäule aufgestellt war, mit Opfern gnädig zu stimmen und mit Lampenfesten und Räucherwerk zu ehren, beteten ihn wie einen Gott an und leisteten Fürbitten, die von schrecklichen Dingen Abwehr verschaffen sollten»[173]. Ein Holzmodell der Kolossalstatue wurde alljährlich zum Gründungstag der Stadt von einer feierlichen Prozession in die Pferderennbahn geleitet. Die Monumentalanlagen Konstantinopels waren damit nicht auf die Verherrlichung der christlichen Religion konzentriert, sondern sollten vor allem den Glanz des Kaisers und Gründungsheros zum Ausdruck bringen. Dies wäre in Rom schon deshalb nicht in dieser Eindeutigkeit möglich gewesen, weil dort die Bauten zahlreicher anderer Kaiser standen und diese Kaiser auch durch verschiedene von ihnen oder zu ihren Ehren gestiftete Feste in der kollektiven Erinnerung weiterlebten. Zu früheren Zeiten hatte gerade diese Einordnung in die Kontinuität der altehrwürdigen Kaiserserie legitimierend gewirkt, während Konstantin nun für sich Exklusivität beansprucht und sich sogar durch spöttische Bemerkungen von seinen ruhmreichen Vorgängern distanziert haben soll: «Konstantin wünschte, die Werke seiner Vorgänger zu verkleinern, und versuchte, deren Tugenden durch Zunamen ins Lächerliche zu ziehen. Augustus nannte er ein *Schätzchen des Glücks*, Trajan ein *Mauerunkraut*, Hadrian eine *Malerwerkstatt*, Markus *lachhaft*, Severus [hier bricht der Text ab].»[174] Die Konzentration des monarchischen Glanzes auf Konstantin, die nur in einer neuen, ganz auf den Kaiser zugeschnittenen Gründung zu verwirklichen war, zwingt aber nicht zur Annahme, daß «ausschließlich persönliche Eitelkeit»[175] Konstantin bei seiner Gründung leitete. Als nämlich beim Kaiser der Plan reifte, der am Orte seines Siegs errichteten Residenz durch die Gleichstellung mit Rom herausragende Bedeutung zu verleihen, vollendete er nur eine Entwicklung, in der der zeremonielle und architektonische Aufwand für die kaiserliche Selbstdarstellung ständig zugenommen hatte. Senat und Volk von Rom, die aus

Die Konstantinssäule in Istanbul. Die sichtbare Säulenbasis ist in osmanischer Zeit aufgemauert worden. Ansicht um 1870

ihren Traditionen schöpften und für sich ein Eigengewicht beanspruchten, hatten wenig Verständnis für ein monarchisches Auftreten, bei dem sie allenfalls als anbetende Statisten gefragt waren. Bereits während des Rom-Besuchs Diokletians scheint das Aufeinanderprallen traditioneller stadtrömischer Haltungen und erwünschter neuer Zeremonien wie der Adoratio zu schweren Verstimmungen geführt zu haben. Als Konstantin und seinem Hof während des Rom-Besuchs von 326 auffiel, wie schwierig sich die neuartigen Vorstellungen vom imperialen Glanz in der alten Hauptstadt verwirklichen ließen, gab man die Parole aus, Rom habe «den Zenith seiner Entwicklung überschritten»[176]. Konstantin entschloß sich nun, die Stadt, die als Monument seines Sieges von 324 angelegt war, ins Gigantische auszudehnen und zu einem repräsentativen Zentrum auszubauen, das besser dem Geist der neuen Zeit entsprach. Dabei sollte Konstantinopel allerdings nur eine Schwesterstadt Roms, ein «Zweites Rom» sein, während die altehrwürdige Hauptstadt ihre Privilegien und ihren Rang behielt. Ob die Neugründung des Kaisers überhaupt mit einer langen Lebensdauer rechnen konnte, war in den Jahrzehnten nach dem Tode Konstantins keineswegs ausgemacht. Erst nach einigen Schwierigkeiten entwickelte sie sich zu guter Letzt doch noch zu einer bevölkerungsreichen Metropole und zum «Neuen Rom». Das verdankte sie vor allem der Tatsache, daß das Reich nach dem Tode Konstantins zunächst mit unbedeutenden Unterbrechungen und ab 395 dauerhaft geteilt blieb und die Kaiser des Ostens nach einer vorübergehenden Vorliebe für Antiochia sich für immer mit ihrem Hof in Konstantinopel niederließen.

Sieht man vom Aufstand des «Leiters der Kamelherden»[177] Calocaerus auf Zypern ab, der eher als eine Episode der Lokalgeschichte zu werten ist, blieb die Regierung Konstantins nach der dynastischen Krise des Jahres 326 von innenpolitischen Erschütterungen verschont. Mit größerem Erfolg als nach 324 gelang es Konstantin, in einem neuen Versuch die Mitglieder seiner Dynastie zur Stützung seiner Alleinherrschaft hinzuziehen. Neben Constantinus und Constantius, die bereits seit 317 bzw. 324 Caesares waren, wurden 333 der jüngste Sohn Constans und 335 sogar der Neffe Dalmatius zu Unterkaisern erhoben. In der ausgebauten dynastischen Ordnung von 335 war jeder der vier Caesares für einen Reichsteil zuständig. Doch anders als den Caesares der Tetrarchie kamen ihnen dabei kaum eigene Herrschaftsrechte zu, sondern sie sollten nur die allgegenwärtige Präsenz des einen Herrschers Konstantin verkörpern, gleichsam als Abglanz des kaiserlichen Zentralgestirns: «Wie aber das Licht der Sonne mit Strahlen,

Constantinus Caesar.
Solidus (Gold), geprägt 335 in Nicomedia.
München, Staatliche Münzsammlung

welche sie aus sich über eine lange Strecke entsendet, die in den entferntesten Orten angesiedelten Bewohner erleuchtet, so hat er [Konstantin] uns, die wir den Osten als Wohnsitz erlost haben, den seiner selbst würdigen Sproß zugeteilt, den anderen Sproß von den Kindern, dem anderen Teil der Menschheit und ferner den einen hierhin, den anderen dorthin geschickt, gleichsam wie Fackeln und Sterne des aus ihm selbst herausfließenden Lichts.»[178] Die enge Anbindung der jungen Caesares an den Willen des Oberkaisers war dadurch garantiert, daß die hohen Militärs und Amtsträger, die ihnen beigegeben worden waren und die die wichtigen Entscheidungen zu treffen hatten, aus dem Kreis der engsten Vertrauten des Oberkaisers stammten. Die Notwendigkeit, jeden der Caesares mit zivilen und militärischen Würdenträgern auszustatten, hat dabei zweifelsohne den großen, mit der konstantinischen Zeit verbundenen institutionellen Reformen einen zusätzlichen Impuls verliehen. Hatte es bis zu Konstantin in der Regel zwei Prätorianerpräfekten gegeben, die im zivilen und militärischen Bereich als rechte Hand des Kaisers agierten, amtierten am Ende seiner Regierungszeit gleich fünf Präfekten nebeneinander, und es ist offenkundig, daß diese Vermehrung der Stellen in der Hauptsache mit der Einsetzung der Caesares zu tun hat, auch wenn sich etwa der Präfekt von Afrika keinem der Caesares zuordnen läßt. Im fortgeschrittenen vierten Jahrhundert unterstand den Prätorianerpräfekten die zivile Administration innerhalb großer, fest abgegrenzter Sprengel, etwa der «praefectura Galliarum», die Spanien, Gallien und Britannien umfaßte und deren Hauptstadt Trier war. Für die Zeit Konstantins kann man zwar noch nicht von einer solchen regionalen Präfektur sprechen, da die Präfekten etwa in inschriftlichen Ehrungen für die Kaiserfamilie gemeinsam als ein für das gesamte Reich zuständiges Kollegium auftraten und der Zuschnitt der von ihnen verwalteten Gebiete wechselte. Aber die Vermehrung der Stellen war ein wichtiger Schritt auf dem Weg zur Regionalisierung. Auch die Beschränkung des Amts auf den zivilen Bereich geht auf Konstantin zurück, der bereits nach 312 die Prätorianergarde, deren Kommando dem Präfekten oblag, aufgelöst hatte. Einfluß auf das Militär behielt der Präfekt aber deshalb, weil er weiterhin für die Versorgung der Armee zuständig blieb. Die Machtfülle des Amtes war damit eher verlagert als vermindert worden. Der direkt am Kaiserhof agierende Präfekt Flavius Ablabius verkörperte diese Machtfülle so sehr, daß noch in einer im sechsten Jahrhundert entstandenen Legende davon berichtet wurde, wie der heilige Nikolaus im Traum nicht nur dem Konstantin, sondern auch dem Ablabius erscheinen mußte, um die Freilassung dreier unschuldig verhafteter Generäle durchzusetzen. Obgleich Ablabius nur ein Kreter von niedriger Geburt war, gelang es ihm sogar, sich mit dem Kaiserhaus zu verbinden, indem seine Tochter Olympias mit dem jüngsten Sohn Konstantins verlobt wurde.

Die Palastaula in Trier (sogenannte konstantinische Basilika). Während des gesamten 4. Jahrhunderts war Trier (mit Unterbrechungen) Kaiserresidenz. Die Aula des Palastes diente auch dem Praefectus praetorio Galliarum als eindrucksvoller Ort für die Rechtsprechung.

Ob alle unter Konstantin geschaffenen großen Hofämter, deren Inhaber von Amts wegen zum Staatsrat, dem «sacrum consistorium», gehörten, auch an den kleineren Höfen der Caesares vertreten waren, läßt sich nicht nachweisen. Aber die Analogie zum Fall des Gallus Caesar, dem 351 von seinem Oberkaiser Constantius all diese Amtsträger mitgegeben wurden, gibt Anlaß zu entsprechenden Vermutungen; und es mag sogar sein, daß die wiederholt auftretende Notwendigkeit einer höfischen Mindestausstattung zur Kanonisierung der vier großen Hofämter beigetragen hat. Am wichtigsten war das ab 320 für den Hof Konstantins und 324 für den Hof des Licinius belegte Amt des «magister officiorum», des «Oberhofmarschalls», der unter anderem die kaiserlichen Büros, die Leibgarde, aber auch die Spionage zu leiten hatte. In der Hauptsache für das Formulieren kaiserlicher Gesetze war der «quaestor sacri palatii» zuständig. Der Titel des «comes sacrarum largitionum» zeigt nur einen Aspekt seiner Tätigkeit an, der Konstantin, dem die Quellen Verschwendungssucht vorwerfen, besonders wichtig war, nämlich die Verantwortung für die «heiligen Schenkungen», etwa die kaiserlichen Donative,

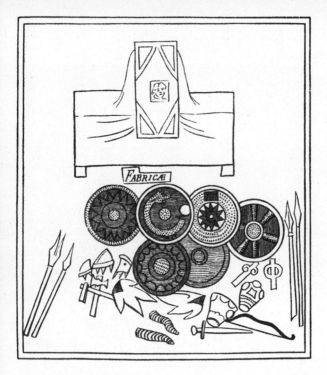

Insignien des «magister officiorum». In der Mitte sind die Schildzeichen der einzelnen Einheiten der Palastgarde dargestellt, die vom «magister officiorum» kommandiert wurde, der unter anderem für die Waffenfabriken zuständig war (unteres Bildfeld). Nach einer frühneuzeitlichen Handschrift der «Notitia Dignitatum», eines spätantiken Verzeichnisses der Positionen in Militär und Zivilverwaltung.

die in Edelmetallschalen dargereichten Geldgeschenke an loyale Würdenträger oder die Jahrgelder an Barbaren. Daneben hatte aber dieser Amtsträger mit allen Angelegenheiten des Fiskus zu tun, während dem «comes rei privatae» die Verwaltung des kaiserlichen Eigentums, insbesondere der Domänen, oblag.

Organisatorische Veränderungen gab es auch im Militärwesen. Die in den Bürgerkriegen von Gallien in den Osten geführten Elitetruppen, die großenteils barbarischer Herkunft waren, wurden zum Kern des neuen Bewegungsheers, dessen Oberkommando den «Heermeistern», den «magistri militum», anvertraut wurde. Von ihnen war der «magister equitum» für die Reitertruppen, der «magister peditum» für die Fußtruppen zuständig. Später behaupteten Kritiker, die militärischen Reformen Konstantins, besonders die Teilung von Bewegungsheer und

Silberne Largitionsschale des Licinius aus Nicomedia.
München, Prähistorische Staatssammlung, Besitz der Bayerischen Hypotheken-
und Wechselbank

Grenzheer, hätten «den Barbaren den Zugang zu dem Gebiet, das den Römern unterworfen war»[179], eröffnet, weil die im Reichsinnern stationierten Soldaten im Wohlleben erschlafft seien. Wie unsachlich diese Kritik ist, zeigt sich darin, daß Konstantin vom Beginn bis zum Ende seiner Regierung gerade auf dem Gebiet der Außenpolitik und der Grenzverteidigung erfolgreich blieb.

Die Barbareneinfälle des dritten Jahrhunderts waren oft dadurch provoziert worden, daß große Truppenteile von den Grenzen abgezogen und in inneren Kämpfen eingesetzt worden waren. Konstantin gelang es aber, sowohl gegen seine Rivalen erfolgreich zu sein, als auch die Grenzen des von ihm beherrschten Reichsteils wirksam gegen die Barbaren zu sichern. Die ersten Jahre seiner Herrschaft verbrachte er vor allem mit der Verteidigung der Rheingrenze, im Kampf gegen die Alamannen

Amphitheater in Trier

und vor allem die Franken. Schon die erste Kampagne des Jahres 307 endete erfolgreich, und im Amphitheater der Kaiserresidenz Trier wurden die Frankenhäuptlinge Ascaric und Merogais zur Freude der Bevölkerung den wilden Tieren vorgeworfen. Den imperialen Anspruch, das rechtsrheinische Gebiet zu kontrollieren, dokumentierte Konstantin, indem er 310 bei Köln eine imposante steinerne Brücke bauen und im rechtsrheinischen Deutz einen stark befestigten Brückenkopf errichten ließ. Nach dem Sieg über Maxentius kehrte Konstantin bis 316 öfter, dann aber erst 328 für einen kurzen Aufenthalt an die Rheingrenze zurück. Deren Verteidigung überließ er in der Hauptsache seinen Söhnen bzw. den diesen zugeordneten Generälen. Denn seitdem er 316 in Besitz des Großteils des Balkans gelangt war, konzentrierte er seine Anstrengungen auf die gefährdetere Donaugrenze. Nach dem Sieg über Licinius wurde die bereits unter Diokletian und Galerius errichtete Kette von Grenzbefestigungen nun im großen Stil weiter ausgebaut, und zwar nicht nur am römischen Ufer der Donau. Zusätzliche, am nördlichen Ufer errichtete Militäranlagen sollten eine bessere Kontrolle der Donaubarbaren garantieren. Die großen befestigten Brückenköpfe, Daphne (50 Kilometer südöstlich von Bukarest) und vor allem Sucidava, waren mit Kastellen auf der römischen Donauseite verbunden, Daphne durch eine Fähre mit Transmarisca, Sucidava durch eine steinerne Brücke mit dem Legionslager Oescus. Diese Brücke war eine der längsten des Altertums, etwa doppelt so lang wie die Donaubrücke, die Apollodoros, der Architekt Trajans, bei Drobeta errichtet hatte. Das imposante Bauwerk wurde in Münzen gefeiert, auf deren Bildprogramm deutlich gemacht wurde, was man von dieser Brücke erwartete, nämlich die künftige Unterwerfung der Barbaren nördlich der Donau. Von den nördlichen Barbaren waren die gotischen Tervingen, die im Karpatenbogen und in der großen Walachei siedelten, bei weitem die gefährlichsten. 332 überfielen sie ihre westlichen Nachbarn, die im Banat siedelnden Sarmaten. Konstantin, der einen weiteren Ausbau der gotischen Hegemonie nicht zulassen konnte, griff zugunsten der Sarmaten ein. Dabei entfernte er sich selbst nicht allzuweit von Konstantinopel und steuerte die Kriegführung von Marcianopel aus, während sein Sohn, der Caesar Constantinus, die Donau weiter westlich überquerte und im Ge-

Bronzemedaillon, ca. 328/330 in Rom geprägt. Kaiser Konstantin überschreitet, von der Siegesgöttin geleitet, die Donaubrücke von Oescus. Nachzeichnung von Erizzo (1559). Die Münze ist nur aus neuzeitlichen Nachgüssen und Nachzeichnungen bekannt.

biet der Sarmaten auf die eingefallenen Goten stieß. Vermutlich kam es nicht einmal zur Schlacht, sondern die in die Enge getriebenen Invasoren kamen «durch Hunger und Kälte»[180] um. An einer völligen Vernichtung der Tervingen war Konstantin allerdings nicht interessiert, da er ein Gegengewicht zu den Sarmaten erhalten wollte. Daher gewährte er den Tervingen einen förmlichen Friedensvertrag, in dem sich die Barbaren verpflichteten, Truppenkontingente zu stellen. Gleichzeitig bemühte er sich, die Häuptlinge durch kostbare Geschenke, durch Geldzahlungen und sogar durch die Verleihung römischer Amtsabzeichen an sich zu binden. Zwei Jahre nach dem Friedensvertrag konnte Konstantin einen weiteren wichtigen Erfolg an der Donaugrenze verbuchen. Konstantin nutzte einen Konflikt zwischen der Herrenschicht der «Freien Sarmaten» und ihren Hörigen, den sogenannten Limiganten, aus, indem er sich auf die Seite der schwächeren Partei stellte. Die «Freien Sarmaten» flohen teilweise in das römische Reich, wo sie von Konstantin angesiedelt wurden, teils zu den im nördlichen Ungarn und in der südlichen Slowakei siedelnden Victovalen. Damit drohte den Limiganten nun ständig die Rückkehr ihrer ehemaligen Herren. So war es Konstantin nur wenige Jahre nach der Errichtung der steinernen Brücke bei Oescus gelungen, weite Gebiete nördlich der Donau durch ein differenziertes diplomatisches Instrumentarium unter seine Kontrolle zu bringen.

Nach seinen Erfolgen an Rhein- und Donaugrenze war – so behauptete jedenfalls die spätkonstantinische Propaganda – das Ziel einer «Befriedung des Erdkreises» unter römischem Vorzeichen so gut wie erreicht. Nur an der Ostgrenze hatten die persischen Sasaniden den römischen Universalanspruch keineswegs anerkannt. Sieht man von einer kurzen erfolglosen Attacke von Hormizd ab, war es zwar an der römisch-persischen Grenze fast vierzig Jahre lang ruhig geblieben, und nach dem Sieg über Licinius war der Freundschaftsvertrag zwischen Rom und Persien sogar erneuert worden. Die Tatsache, daß ein Halbbruder des Herrschers Schapur II. erst an den Hof des Licinius und später zu Konstantin geflohen war, führte nicht zu Spannungen, weil Konstantin die Ansprüche des Prätendenten ignorierte. Aber die persische Politik hatte sich nie damit abfinden können, daß Narseh im Frieden von 298 gezwungen worden war, das nördliche Mesopotamien abzutreten und Armenien den feindlichen Arsakiden zurückzugeben. Die Kriegsbereitschaft auf persischer Seite wurde zusätzlich durch die betont christenfreundliche Politik des Kaisers gefördert. Zweifellos zeigte Konstantin nämlich großes Interesse daran, wie die Christen in der Nachbarmonarchie behandelt wurden. Dabei schreckte der späte Konstantin «gleichsam als allgemeiner Vormund des Weltkreises»[181] anscheinend vor massiver Einmischung nicht zurück. Denn es gibt kaum einen Anhaltspunkt für die Annahme, daß das lange Schreiben an Schapur nur ein Entwurf geblieben wäre und seinen Adressaten nicht erreicht hätte. Schapur solle, so schrieb Konstantin, sich durch das Los der Verfolger belehren lassen und den Christen in seinem Reich besonderes Wohlwollen zeigen: *Was glaubst du, wie sehr ich mich gefreut habe, als ich hörte, daß die blühenden Landschaften Persiens, wie ich es mir wünsche, mit dieser ausgewählten Schar von Menschen – ich spreche natürlich von Christen (für sie habe ich überhaupt nur das Wort ergriffen) – weithin geschmückt sind. Es möge dir nun das Beste begegnen ebenso wie jenen, da auch jene dir gehören. So wirst du nämlich den Herrn der ganzen Welt dir mild, gnädig und wohlgesonnen stimmen. Diese also übergebe ich dir, da du so groß bist, und ich händige ebendiese dir aus, weil du auch in der Gottesfurcht ausgezeichnet bist. Diese liebe, wie es deiner Menschenfreundlichkeit entspricht! Dir selbst und uns wirst du durch deine Zuverlässigkeit einen unbeschreiblichen Gefallen erweisen.*[182]

Spätestens um 335 waren beide Seiten zum Krieg entschlossen. Zu diesem Zeitpunkt schickte Konstantin seinen Neffen Hannibalianus in das römisch-armenische Grenzgebiet, nämlich nach Caesarea in Kappadokien. Hannibalianus, der zuvor mit der ältesten Tochter Konstantins, Constantina, verheiratet worden war, hatte den Titel eines «Königs der Könige» erhalten. In dieser Stellung sollte er die an Kleinasien und an das Schwarze Meer angrenzenden kaukasischen Königreiche wie Armenien und Iberien viel enger an Rom binden, als es bisher der Fall war, und vor allem verhindern, daß wieder ein sasanidischer Prinz das von inneren Unruhen heimgesuchte Armenien beherrschte. Dagegen ist ein wirklicher Anspruch auf das gesamte Perserreich, dessen Herrscher ebenfalls den Titel eines «Königs der Könige» trug, unwahrscheinlich. Aber auch mit der Intensivierung der Kontrolle über die kaukasischen Königreiche und der Bedrohung der Nordflanke des Sasanidenreichs war die Kampfansage deutlich genug, zumal Konstantin gleichzeitig seinen zweitältesten Sohn Constantius nach Antiochia schickte, wo dieser die mesopotamische Grenze überwachen sollte. Der Bruder des Hannibalianus, Dalmatius, der erst im Herbst 335 zum Caesar erhoben worden war, sollte während des zukünftigen Ostaufenthaltes Konstantins Konstantinopel und das «gotische Ufer» sichern, das heißt den potentiell von den Goten bedrohten Donauabschnitt.

Im Frühjahr 337 waren alle Vorbereitungen für den Feldzug gegen die Perser abgeschlossen, und Konstantin erklärte nun ganz offen, daß *ihm noch gerade der Sieg über diese fehle*[183]. Sogar ein besonderes Kirchenzelt, in dem während der Kampagne Gottesdienste gefeiert werden konnten, war vorsorglich angefertigt worden. Das Marschheer hatte sich bereits an der kleinasiatischen Küste versammelt. Dem römischen Senat teilte der zum Feldzug aufbrechende Kaiser in der Grußformel einer seiner letzten, vermutlich erst postum nach Rom gelangten Schreiben noch voller guter Dinge mit: *Uns und unseren Heeren geht es gut.*[184] Als sich Konstantin aber von Konstantinopel aus auf den Weg machen wollte, er-

Konstantin der Große. Fragment einer bronzenen Kolossalstatue aus den letzten Jahren seiner Herrschaft. Rom, Konservatorenpalast

krankte er plötzlich. Er setzte zwar noch nach Kleinasien über, beschloß aber dann einen Kuraufenthalt in Pythia Therma (bei Yalova) einzulegen. Seine Krankheit besserte sich jedoch nicht, und so reiste er weiter nach Helenopolis, um dort am Grab des von seiner Mutter verehrten Lucian von Antiochia zu beten. Dann suchte er eilig die kaiserliche Villa Achyrona in unmittelbarer Nähe von Nicomedia auf. Euseb, der Bischof dieser Stadt, war in den letzten Jahren nicht nur der wichtigste kirchenpolitische Ratgeber des Kaisers geworden, sondern gehörte seit einiger Zeit auch zur kaiserlichen Familie, da seine Verwandte Basilina den jüngeren Halbbruder Konstantins, Julius Constantius, geheiratet hatte. Dem mit Arius sympathisierenden Bischof fiel es zu, Konstantin auf dem Sterbebett zu taufen, ein störender Umstand, den die abendländische

Geschichtslegende durch die Erfindung einer Taufe durch den rechtgläubigen römischen Bischof Silvester korrigiert hat. Konstantin hatte bis zu seinem Tod diesen letzten Schritt seines Übertritts zum Christentum hinausgezögert. Das entsprach einer zeittypischen, allerdings von kirchlicher Seite mitunter kritisierten Praxis. Man wollte sich erst dann von den Sünden reinwaschen lassen, wenn der Tod unmittelbar bevorstand. Freilich kann man nicht ganz ausschließen, daß auch das Bewußtsein, über der Kirche und den Bischöfen zu stehen, Konstantin eine konfessionelle Einbindung durch die Taufe unangebracht erscheinen ließ. Schließlich kann er auch deshalb mit der Taufe gewartet haben, weil er eine besondere Zeremonie plante, in der seine Christusnachfolge noch einmal betont werden sollte. Jedenfalls soll sich Konstantin in seinen letzten Tagen hinsichtlich seiner ursprünglichen Absichten in diesem Sinn geäußert haben: *Nun ist die Stunde gekommen, daß auch wir in den Genuß des Unsterblichkeit bringenden Siegels gelangen, nun ist die Stunde der heilbringenden Besiegelung gekommen. Einst gedachte ich, daran in den Fluten des Jordanflusses Anteil zu bekommen, in denen auch der Heiland für uns zum Vorbild Anteil an der Taufe erhielt, wie berichtet wird.*[185] Nach der Taufe weigerte sich der Kaiser, den Purpur erneut zu berühren, und erwartete in prächtigen weißen Gewändern den Tod. Der Verzicht auf den Purpur bedeutete nicht, daß Konstantin seiner Ansicht nach durch die Taufe nun ein Christ unter vielen wurde. Den Übergang in das ewige Leben begriff er vermutlich als eine weitere Erhöhung seiner kaiserlichen Person, und man muß sich fragen, ob einige der angeblichen, von Euseb überlieferten letzten Selbstzeugnisse vom Kirchenhistoriker nur im konventionell christlichen Sinn umgedeutet worden sind. Dies gilt vor allem für Äußerungen gegenüber den höheren Offizieren und Generälen seines Feldlagers, denen er anvertraute, *er sei nun des wahren Lebens gewürdigt worden und er allein wisse, welcher Güter er teilhaftig geworden sei; darum eile er auch und verschiebe nicht mehr den Weg zu seinem Gott*[186]. Den Übergang in eine neue, höhere Stufe kaiserlicher Existenz illustrierten nach seinem Tod die Konsekrationsmünzen, deren Rückseite zeigte, wie er «auf einem Viergespann in

Konsekrationsmünze für Konstantin. Um 337

der Haltung eines Wagenlenkers, von einer rechten Hand, die sich von oben herab ihm entgegenstreckt, aufgenommen wird»[187].

Am Pfingstfest des Jahres 337 starb der Kaiser. In der Reaktion der Soldaten kamen die durch die vielen Feldzüge geknüpften emotionalen Bindungen zum Ausdruck: «Die Adjutanten und die ganze Gruppe der Leibwächter zerrissen sofort ihre Kleider, warfen sich selbst auf den Erdboden und schlugen mit dem Kopf auf, indem sie jammernd und schreiend Wehklagen ausstießen und nach ihrem Fürsten, Herrn und Kaiser riefen, nicht wie nach einem Herrscher, sondern wie nach ihrem Vater, gleichsam in der Art vollbürtiger Söhne.»[188] In einem großen Zug überführten sie den toten Konstantin «in die nach dem Kaiser benannte Stadt»[189], wo er im Palast aufgebahrt wurde. Erst viele Tage später traf Constantius Caesar, der bei der Nachricht vom kritischen Gesundheitszustand seines Vates aus dem syrischen Antiochia aufgebrochen war, in Konstantinopel ein, um die Bestattungszeremonie zu leiten. Umgeben von der Leibwache und gepanzerten Truppen, gefolgt von einer riesigen Menschenmenge, wurde der Sarg durch die Mese bis zu seinem Mausoleum getragen. Dort hatte Konstantin schon zu Lebzeiten seine Grablege nach einem präzisen Programm gestaltet. Er hatte zwölf Kenotaphe errichten lassen, «zu Ehren und zum Gedächtnis der Apostelschar. In der Mitte stellte er aber selbst seinen eigenen Sarkophag auf, zu dessen beiden Seiten, sich anschließend, je sechs von den Aposteln standen»[190]. Der Interpretation Eusebs zufolge glaubte Konstantin, nach seinem Tode als Apostel gewürdigt zu werden, und beabsichtigte, mit der Aufstellung seines Sarges im Kreise der Apostel auch an deren Verehrung teilzuhaben. Aber der zentrale Platz, den Konstantin in der Aufstellung einnahm, legt eher eine andere Interpretation nahe, die Euseb nicht aussprechen mochte. Konstantin ließ sich nicht als «dreizehnter Apostel» feiern, sondern die Identifizierung von Schutzgott und Schutzbefohlenem – ein charakteristischer Zug der Kaiserreligion, der Konstantin schon veranlaßt hatte, sich als der Doppelgänger des Sonnengotts darstellen zu lassen – führte dazu, daß Konstantin auch bei der Gestaltung des Grabmals die Nachahmung Christi in einem Maße betrieb, das schon seinem Sohn Constantius anstößig erschien. Obgleich dieser selbst die Bestattungszeremonie seines Vaters geleitet hatte, entschloß er sich vermutlich einige Jahre später, die bauliche Verbindung von Apostelmonumenten und Kaisergrab rückgängig zu machen.

Der Tod traf Konstantin nicht überraschend, und es blieb ihm genug Zeit, seine letzten Anordnungen zu treffen. Philostorg zufolge soll Euseb von Nicomedia sogar ein Testament des Kaisers in Gewahrsam genommen haben. Welche Regelungen Konstantin für die Nachfolge traf, ist aber nicht bekannt. Die Machtbeteiligung seiner Söhne und Neffen läßt annehmen, daß ihm auch für die Zeit nach seinem Tod ein Mehrherrschaftssystem vorschwebte, ohne daß deutlich ist, wie dessen konkrete

Kaisersarkophag aus Porphyr aus dem 4. oder 5. Jahrhundert.
Istanbul, Hagia Eirene

Gestaltung aussehen sollte. Kaum denkbar ist, daß alle vier Teilherrscher nach dem Tode des Kaisers auf Dauer Caesares bleiben sollten, die auf den Wink ihres in eine höhere Existenzform übergetretenen Vaters regieren sollten. Im Herrschaftssystem Diokletians hatte der Eintritt der abgedankten Kaiser in eine neue erhabene Sphäre zwingend erfordert, daß andere Kaiser als neue Augusti das tagespolitische Geschehen lenkten. Konstantin muß realistisch davon ausgegangen sein, daß allein eine hierarchische Differenzierung unter seinen Nachfolgern die Einheit der Reichsregierung aufrechterhalten konnte. Man kann aber nur spekulieren, ob dann Constantinus II. als Augustus allein die Rolle des Vaters übernehmen sollte – im Unterschied zu seinen Brüdern durfte er bereits als Caesar eine Siegestitulatur, nämlich «Alamannicus», tragen – oder ob vorgesehen war, daß Constantinus II. und Constantius II. gemeinsam als Augusti mit den beiden Caesares Constans und Dalmatius herrschten. Im zweiten Fall wäre Konstantin wieder zum tetrarchischen System zurückgekehrt, das er am Anfang seiner Herrschaft so intensiv bekämpft hatte.

Welche Pläne aber Konstantin auch immer zur Regelung seiner Nachfolge gehabt haben mag, sie blieben Makulatur, da sie in den inneren Wirren nach seinem Tod nicht durchsetzbar waren. Dalmatius und der «König der Könige» Hannibalianus wurden unmittelbar nach dem Tode Konstantins zusammen mit den Halbbrüdern des Kaisers von den Soldaten aus dem Wege geräumt, vermutlich mit Duldung des jugendlichen Constantius. Die drei Söhne entschlossen sich erst nach einigen Monaten, in denen in offiziellen Dokumenten Konstantin weiterhin als regierender Augustus ausgegeben wurde, gemeinsam den Titel eines Augustus anzunehmen. Bereits 340 fiel aber der älteste Sohn Konstantins, Constantinus II., in den Reichsteil des Constans ein und verlor in der Nähe von Aquileia Schlacht und Leben. Die beiden übriggebliebenen Söhne Constantius und Constans verfolgten in den vierziger Jahren eine völlig entgegengesetzte Religionspolitik und waren zeitweise nicht weit davon entfernt, ebenfalls gegeneinander zu kämpfen. Daß Constans schließlich Anfang 350 von Magnentius ermordet wurde, mag daher keine große Trauer bei seinem Bruder Constantius ausgelöst haben. Aber in den offiziellen Verlautbarungen wurde der Feldzug gegen Magnentius als Rachefeldzug ausgegeben, und man ließ verbreiten, Kaiser Konstantin sei gemeinsam mit seinem ermordeten Sohne Constans dem Constantius im Traum erschienen, um ihn zum Kampf gegen Magnentius aufzufordern. Diese dynastische Propaganda trug einerseits zum Erfolg des letzten überlebenden Sohnes Konstantins bei, der (angeblich nach einer Kreuzvision) in der Schlacht von Mursa Magnentius besiegen konnte, sollte aber andererseits die weitere innenpolitische Entwicklung schwer belasten. Denn Constantius war nicht in der Lage, als Alleinherrscher das gesamte Reich zu kontrollieren, sondern wurde durch politische Notwendigkeiten dazu gezwungen, zumindest untergeordnete Teilherrscher einzusetzen. Aus der eigenen Dynastie, die allein für die Herrschaftsbeteiligung in Frage kam, waren aber nur noch seine Vettern Gallus und Julian, die Söhne des Julius Constantius, übriggeblieben. Sie waren dem Massaker von 337 entkommen und hätten sich wohl nur dann zur Loyalität gegenüber Constantius durchringen können, wenn dieser zu einer gleichberechtigten Teilung der Macht bereit gewesen wäre. Die Versuche des Constantius, seine Vettern nach dem Modell der konstantinischen Caesares als bloße Instrumente seiner Alleinherrschaft zu benutzen, waren dagegen zum Scheitern verurteilt. Den

351 zum Caesar erhobenen Gallus mußte Constantius schon 354 beseitigen lassen, nachdem es zu Auseinandersetzungen über die einem Caesar zustehenden Kompetenzen gekommen war. Julian, der nach fünf Jahren Herrschaft als Caesar sich im Jahre 360 zum gleichberechtigten Augustus hatte ausrufen lassen, wurde nur durch den Tod seines Vetters im November 361 vor einem ähnlichen Schicksal bewahrt.

Damit hatte sich das von Konstantin eingerichtete dynastische Modell der Mehrherrschaft nicht als effizienter erwiesen als die anscheinend so künstliche Regelung Diolektians. Weder die Usurpation des Magnentius noch Bürgerkriege unter Angehörigen des eigenen Herrscherhauses hatten vermieden werden können. Die Zwietracht in der Dynastie schien eine Zeitlang beinahe sogar das Lebenswerk Konstantins selbst, die Christianisierung des römischen Staates, zu gefährden. Denn aus Ressentiment gegen seinen christlichen Onkel und seinen christlichen Vetter versuchte Julian in aggressiver Weise, das Heidentum wiederzubeleben. Doch fand er nach nicht einmal zwei Regierungsjahren in einem schlecht geplanten Perserfeldzug den Tod.

Stemma der Familie Konstantins des Großen
(Kapitälchen: Augusti und Augustae; Fett: Caesares;
Kursiv: Usurpatoren)

**Die Hauptlinie** (Abkömmlinge der Helena)

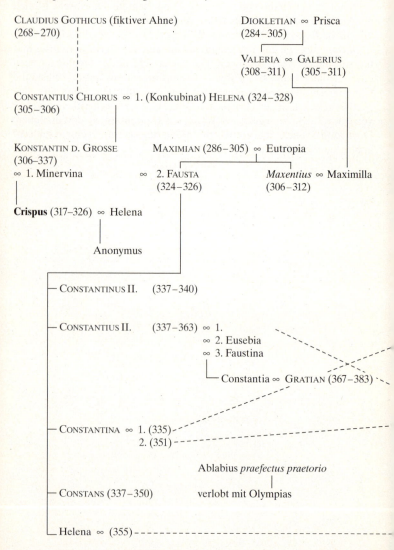

**Die Nebenlinie** (Abkömmlinge der Theodora)

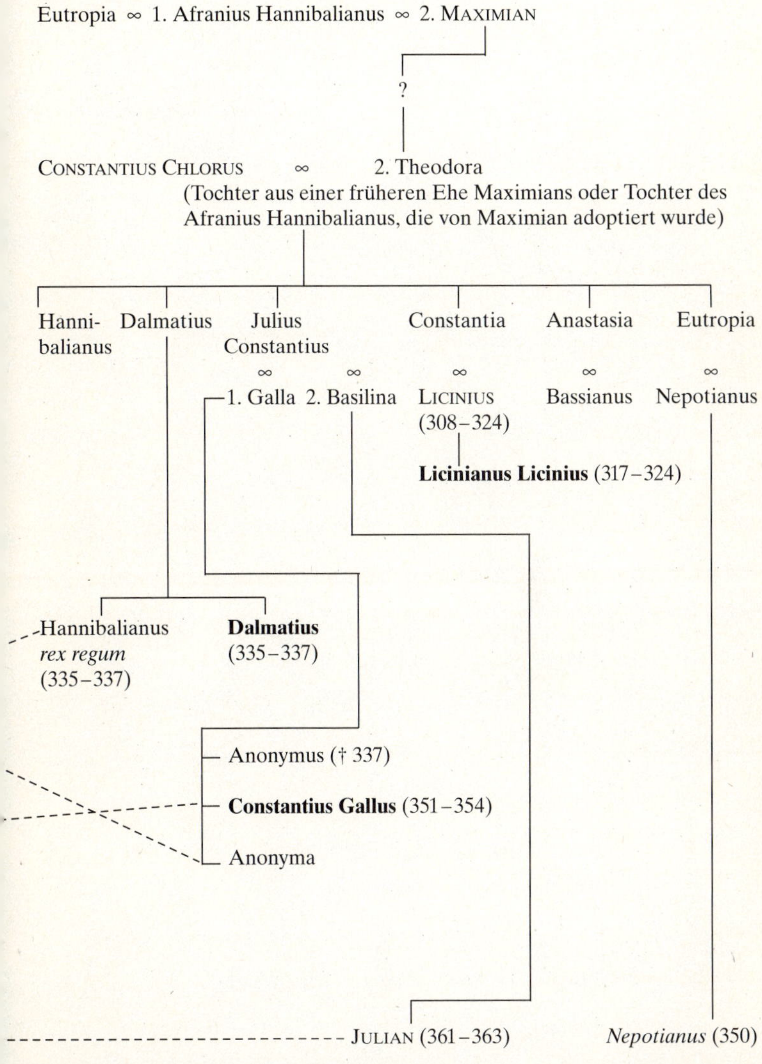

Eutropia ∞ 1. Afranius Hannibalianus ∞ 2. MAXIMIAN

?

CONSTANTIUS CHLORUS ∞ 2. Theodora
(Tochter aus einer früheren Ehe Maximians oder Tochter des Afranius Hannibalianus, die von Maximian adoptiert wurde)

Hanni- Dalmatius Julius Constantia Anastasia Eutropia
balianus  Constantius
 ∞  ∞ ∞ ∞ ∞
 ─1. Galla 2. Basilina LICINIUS Bassianus Nepotianus
  (308–324)

**Licinianus Licinius** (317–324)

─Hannibalianus **Dalmatius**
*rex regum* (335–337)
(335–337)

── Anonymus († 337)
── **Constantius Gallus** (351–354)
── Anonyma

JULIAN (361–363)    *Nepotianus* (350)

# Anmerkungen

Die Quellentexte sind in der Regel vom Verfasser übersetzt. Die Zitate aus der Kirchengeschichte Eusebs folgen der Übersetzung von Haeuser/Gärtner.

Folgende häufig benutzte Texte werden in Abkürzung zitiert (vgl. bibliographischen Anhang): Amm.: Ammianus Marcellinus; Anon. Val.: Anonymus Valesianus; Aur. Vict.: Aurelius Victor; C. Th.: Codex Theodosianus; Epit. Caes.: Epitome de Caesaribus; Eus. HE: Euseb: Kirchengeschichte; Eus. VC: Euseb: Vita Constantini (Leben Konstantins); Eutr.: Eutrop; ILS: Dessau: Inscriptiones Latinae Selectae; Lact. MP: Laktanz: De mortibus persecutorum; Maier: Maier: Le dossier du Donatisme; Opitz: Opitz: Urkunden zur Geschichte des arianischen Streits; Pan.: Panegyrici Latini; Phil.: Philostorg; Zos.: Zosimos.

Bei den übrigen Quellen ist der Autorenname ausgeschrieben. In der Regel wird nach Kapiteln und Paragraphen zitiert. Die in begründeten Ausnahmefällen benutzten Seitenzahlen beziehen sich auf die im bibliographischen Anhang genannten Ausgaben. Bei den abgekürzten Angaben zur Sekundärliteratur in Klammern erscheinende Angaben verweisen auf die Rubriken im bibliographischen Anhang.

1 Eus. HE 10,9,8
2 Hieronymus, S. 234
3 Amm. 21,10,8
4 E. Gibbon: Verfall und Untergang des römischen Reiches. Nördlingen 1987, S. 296
5 Lietzmann (3 b), S. 134
6 Piganiol (2 b), S. 226
7 H. Lietzmann: Der Glaube Konstantins des Großen. In: Sitzungsberichte der Preußischen Akademie 1937, S. 275
8 Epit. Caes. 41,16
9 Aur. Vict. 41,20
10 Pan. 12 (9),2,4
11 Epit. Caes. 41,10
12 Anon. Val. 2
13 De obitu Theodosii 42
14 Athanasius: Historia Arianorum 6,2
15 Epit. Caes. 41,16
16 Ebd.
17 Eus. VC 3,13,2
18 Aur. Vict. 40,1. Epit. Caes. 40,1
19 Lact. MP 9,2
20 Lact. MP 19,6
21 Aur. Vict. 39,26
22 Epit. Caes. 40,18
23 Epit. Caes. 41,8
24 Anon. Val. 2
25 E. Weber (Hg.): Die römerzeitlichen Inschriften der Steiermark. Graz 1969, Nr. 173
26 Eus. VC 1,6
27 Praxagoras 8
28 Eus. HE 9,9,1
29 Eus. VC 2,28,2–29,1
30 L. Bakker: Raetien unter Postumus – Das Siegesdenkmal einer Juthungenschlacht im Jahre

260 n. Chr. aus Augsburg. In: Germania 71 (1993), S. 369 ff.
31 S. Lauffer (Hg.): Diokletians Preisedikt. Berlin 1971, S. 90 f. (Praef. 5.)
32 Lact. MP 7,2
33 Lact. MP 7,4
34 Eutr. 9,26,1
35 Amm. 15,5,18
36 Leon Grammatikos, S. 82. Vgl. zur zeitgenössischen Polemik Lact. MP 21,2
37 Eus. HE 9,9 a,1
38 Collatio Mosaicarum et Romanarum legum 15,3,3
39 Lact. MP 11,1
40 Eutr. 9,27,1
41 Collatio Mosaicarum et Romanarum legum 15,3,6
42 Ebd., 15,3,8
43 Lact. MP 12,1
44 Ebd.
45 Schwarte (3 a), passim
46 Dazu Schwarte (3 a), S. 233 ff.
47 Pan. 11 (3),7,6
48 Das zwanzigste Regierungsjubiläum wurde am Beginn des zwanzigsten Regierungsjahrs, also nach neunzehn Jahren gefeiert. Maximian war zwar erst seit 286 Augustus. Doch fand sein Regierungsjubiläum aus Paritätsgründen zum gleichen Termin statt.
49 Pan. 7 (6),6,2
50 Aur. Vict. 40,2
51 Lact. MP 24,8
52 Aur. Vict. 40,4
53 Paneg 7 (6),12,6
54 Epit. Caes. 39,6. Voltaire verdankt sein Motiv der Lektüre dieser Quelle.
55 Pan. 6 (7),2,1–2
56 Pan. 6 (7),2,4
57 Pan. 6 (7),2,5
58 Lact. MP 43,2
59 Chronograph von 354, S. 148. Vgl. Eus. HE 8,14,3
60 Paneg. 4 (10),28,1 und 4
61 Aur. Vict. 40,23
62 Das Problem der Vision ist hochumstritten. Zur vorgeschlagenen Interpretation vgl. Bleicken; Leeb; Weiss; Seeliger (3 b).
63 Lact. MP 44,5
64 Eus. VC 1,28
65 Eus. VC 1,29–30
66 Eus. HE 9,9,10
67 Ebd.
68 Tertullian: Apologeticum 16,8
69 Eus. VC 2,9,1–2
70 Pan. 6 (7),21,4
71 Eus. VC 1,28,2
72 Pan. 4(10),14,5
73 Zonaras 13,1,28
74 Maier Nr. 21
75 Eus. HE 8,14,17. Vgl. VC 1,34
76 Vgl. De Decker (3 a)
77 Pan. 12 (9),2,4
78 Pan. 12 (9),2,5
79 ILS 694
80 Eus. VC 2,52
81 Eus., De mart. Palest. 13,12 und Lact. MP 24,9
82 Eus. VC 2,49
83 Maier Nr. 13
84 Dazu Scholz (3 b)
85 Maier Nr. 15
86 Vgl. Maier Nr. 18 und 19
87 Maier Nr. 17
88 Maier Nr. 19
89 Maier Nr. 19
90 Maier Nr. 25
91 Maier Nr. 30
92 Bleicken (3 b), S. 47
93 Eus. VC 2,66
94 Maier Nr. 33
95 Maier Nr. 35. Der Präfekt soll mit der «Geduld eines Bischofs» auf diese Anwürfe reagiert haben.
96 Maier Nr. 12
97 Maier Nr. 19
98 Maier Nr. 19
99 Eus. HE 9,7,7–8
100 Eus. HE 9,9 a,7
101 Lact. MP 46,1–3
102 Epit. Caes. 39,7
103 Anon. Val 15
104 C. De Boor (Hg.): Excerpta de

legationibus II. Berlin 1903, S. 394, Nr. 13
105  Année épigraphique 1969/1970, 375 b
106  Bruun (1 c), Nr. 18
107  Codex Justinianus 3,12,2
108  Vgl. Aur. Vict. 41,4
109  C. Th. 16,10,1
110  U. Boissevain (Hg.): Excerpta de sententiis. Berlin 1906, S. 271, Nr. 190
111  Anon. Val. 23
112  Eus. HE 10,9,6
113  Grünewald (3 a), S. 136
114  Anonyme Vita Constantini (BHG 365), S. 557
115  Eutr. 10,6,3
116  Ebd.
117  Ablabius bei Sidonius Apollinaris 5,8,2
118  Phil. 2,4 a
119  Ebd.
120  C. Th. 9,24,1
121  C. Th. 9,8,1
122  C. Th. 9,7,1
123  Von Diokletian kennt man ein Ehegesetz. Vgl. ferner C. Th. 9,7,3–9 zur spätantiken Moralgesetzgebung.
124  Eus. HE 10,9,4
125  Zos. 2,29,3–4
126  A. Chastagnol: L'inscription constantinienne d'Orcistus. In: Mélanges d'archéologie et d'histoire de l'Ecole Française de Rome. Antiquité 93 (1981), 381–416, Spalte I, Z. 39–42.
127  Eus. VC 4,38. Sozomenos 2,5,7
128  Eus. VC 2,56,2
129  Libanios or. 30,6
130  Maleachi 4,2
131  P. Bruun. In: Bonamente-Fusco (2 b), S. 219 ff.
132  ILS 705, Z. 46–48
133  Eus. VC 4,24
134  G. Fowden: Nicagoras of Athens and the Lateran Obelisk. In: Journal of Hellenic Studies 107 (1987), S. 51
135  Eus. VC 2,69–71,1
136  Opitz Nr. 27,2
137  Eus. VC 4,29,2
138  Heikel (1 a), S. 155 f.
139  Kraft: Konstantins religiöse Entwicklung (3 b), S. 262
140  Eus. VC 4,9
141  Eus. VC 3,6,1
142  Eus. VC 3,10,3
143  Opitz Nr. 22,4. Der Brief Eusebs an die Gemeinde von Caesarea liefert m. E. kein völlig verzerrtes Bild der Verhandlungen in Nicaea, auch wenn Euseb sich seit der Synode von Antiochia in der Defensive befand.
144  Opitz Nr. 22,8
145  Ebd.
146  Ebd.
147  Eus. VC 3,14
148  Opitz Nr. 27,9
149  Athanasius: Apologia secunda 59,6
150  Eus. VC 4,22,1
151  Eus. VC 4,17
152  Eus. VC 1,44,2
153  Eus. VC 3,17,2
154  Eus. VC 1,44,2
155  Athanasius: Apologia secunda 86,11
156  C. Th. 13,5,7
157  Sozomenos 2,3,3
158  Zonaras 13,3
159  Anon. Val. 30
160  Zonaras 13,1,28
161  Th. Preger (Hg.): Scriptores Originum Constantinopolitanarum. II. Leipzig 1907, S. 174
162  Heikel (1 a), S. 188. Vgl. B. Bleckmann: Ein Kaiser als Prediger. Zur Datierung der konstantinischen «Rede an die Versammlung der Heiligen», erscheint in: Hermes 124 (1996)
163  Zos. 2,30,4
164  Phil. 2,9
165  Ebd.
166  Ebd.
167  Hieronymus, S. 232

168 Amm. 22,9,3
169 Lact. MP 7,10
170 Phil. 2,9
171 Anon. Val. 30
172 Libanios or. 30,5
173 Phil. 2,17
174 U. Boissevain (Hg.): Excerpta de sententiis. Berlin 1906, S. 271, Nr. 191
175 Seeck (3 b), Bd. 3, S. 426
176 R. Wuensch (Hg.): Johannes Lydus. De magistratibus. Leipzig 1903, S. 85
177 Aur. Vict. 41,11
178 Eus. Triakonterikos 3,4
179 Zos. 2,34,1
180 Anon. Val. 31
181 Eus. VC 4,8
182 Eus. VC 4,13
183 Eus. VC 4,56,1
184 Année épigraphique 1934, Nr. 158
185 Eus. VC 4,62,1–2
186 Eus. VC 4,63,2
187 Eus. VC 4,73
188 Eus. VC 4,65,1
189 Eus. VC 4,66,1
190 Eus. VC 4,60,3

# Zeittafel

| | |
|---|---|
| 275 (?) | Geburt Konstantins des Großen. |
| 284 | 20. November: Diokletian zum Kaiser ausgerufen. |
| 293 | 1. März: Constantius Chlorus und Galerius zu Caesares erhoben. |
| 303 | 23. Februar: Beginn der diokletianischen Christenverfolgung. 20. November: Vicennalienfeier und Triumphzug Diokletians und Maximians in Rom. |
| 305 | 1. Mai: Gemeinsamer Rücktritt Diokletians und Maximians. Zweite Tetrarchie. Augusti: Constantius und Galerius. Caesares: Severus und Maximinus Daia. |
| 306 | Nach dem Tode des Constantius in Eburacum (York) wird Konstantin am 25. Juli von den Truppen zum Augustus ausgerufen, von Galerius später aber nur als Caesar anerkannt. Am 28. Oktober wird Maxentius in Rom zum Kaiser ausgerufen. Dritte Tetrarchie. Augusti: Galerius und Severus. Caesares: Maximinus Daia und Konstantin. Nicht anerkannte Usurpatoren: Maxentius und Maximian. |
| 307 | Severus in Ravenna gefangengenommen. Galerius scheitert vor Rom. Im Herbst heiratet Konstantin Fausta, die Tochter Maximians, und nimmt wieder den Augustus-Titel an. |
| 308 | 11. November: Licinius wird während der Konferenz von Carnuntum von Diokletian zum West-Augustus erhoben. Vierte Tetrarchie. Augusti: Galerius und Licinius. Caesares und später Augusti: Maximinus Daia und Constantin. Nicht anerkannte Usurpatoren: Maxentius, Domitius Alexander und Maximian. |
| 310 | Tod Maximians. «Heidnische Vision» Konstantins. |
| 311 | 30. April: Kurz vor seinem Tod erläßt Galerius in Serdica ein Toleranzedikt. |
| 312 | 28. Oktober: Schlacht an der Milvischen Brücke. |
| 313 | Am Jahresanfang trifft Konstantin Licinius in Mailand. Maximinus Daia wird am 30. April besiegt. Tod Diokletians. |
| 314 | Synode von Arles. |
| 315 | Decennalien Konstantins. |
| 316 | 1. Krieg zwischen Konstantin und Licinius. Am 8. Oktober besiegt Konstantin Licinius in Cibalae. |
| 317 | 1. März: Crispus, der jüngere Licinius und der jüngere Constantinus werden zu Caesares erhoben. |
| 321 | Bruch der Beziehungen zwischen Konstantin und Licinius. Datierung nach verschiedenen Konsuln. |

| | |
|---|---|
| 323 | Die in den Reichsteil des Licinius eingefallenen Goten werden von Konstantin besiegt. |
| 324 | 2. Krieg zwischen Konstantin und Licinius. Am 3. Juli besiegt Konstantin Licinius in Adrianopel, am 18. September in Chrysopolis. Nach der Kapitulation in Nicomedia werden Licinius und sein Sohn zum Rücktritt gezwungen. 8. November: Constantius zum neuen Caesar erhoben. |
| 325 | Ermordung des Licinius. Mai/Juni: Synode von Nicaea. Am 25. Juli Feier der Vicennalien in Nicomedia. |
| 326 | Ermordung des Crispus und der Fausta. Wiederholung der Vicennalien in Rom. |
| 327/328 (?) | Synode von Nicomedia. |
| 328 | Bau der Donau-Brücke von Oescus nach Sucidava. |
| 330 | 11. Mai: Einweihung von Konstantinopel. |
| 332 | Im Frühjahr besiegt Constantinus Caesar die Goten. |
| 333 | 25. Dezember: Constans zum Caesar erhoben. |
| 334 | Ansiedlung von Teilen der Freien Sarmaten im römischen Reich. |
| 335 | Synode von Tyros-Jerusalem. 25. Juli: Tricennalien Konstantins. 18. September: Dalmatius wird Caesar. Hannibalianus erhält um diese Zeit den Titel eines «Königs der Könige». |
| 337 | Am 22. Mai stirbt Konstantin. Seine Söhne nehmen am 9. September den Augustus-Titel an. |
| 363 | Tod Julians (361–363), des letzten Kaisers der konstantinischen Dynastie. |

# Zeugnisse

*Jacques-Bénigne Bossuet*
Konstantin der Große, ein weiser und siegreicher Fürst, machte öffentlich das Christentum zu seiner Sache. [...] Diese berühmte Erklärung Konstantins geschah im Jahre unseres Herrn 312. Während er Maxentius in Rom belagerte, erschien ihm in den Lüften vor aller Augen ein Lichtkreuz mit einer Inschrift, die ihm den Sieg versprach: die gleiche Sache wurde ihm in einem Traum bestätigt. Am nächsten Morgen gewann er diese berühmte Schlacht, die Rom von einem Tyrannen, die Kirche von einem Verfolger befreite. Das Kreuz wurde zum Schützer des römischen Volks und des gesamten Reichs.
Discours sur l'Histoire universelle, 1681

*Voltaire*
Man übt manchmal recht spät Gerechtigkeit. Zwei bis drei Schriftsteller – Lohnschreiber oder Fanatiker – sprechen vom barbarischen und verweichlichten Konstantin wie von einem Gott und behandeln den gerechten, den weisen, großen Julian wie einen Verbrecher. Alle anderen, Abschreiber der ersteren, wiederholen die Schmeichelei und die Verleumdung. Sie werden fast zu einem Glaubenssatz. Endlich kommt die Zeit gesunder Kritik, und – nach vierzehnhundert Jahren – revidieren aufgeklärte Männer den Prozeß, den die Unwissenheit entschieden hatte. Man sieht in Konstantin einen glücklichen Karrieristen, dem Gott und die Menschen egal waren. Er hat die Unverschämtheit, vorzutäuschen, daß Gott ihm in den Lüften ein Zeichen geschickt habe, das ihm den Sieg sicherte. Er badet im Blut all seiner Verwandten und er entschläft in der Verweichlichung; aber er war Christ, also sprach man ihn heilig.
 Julian ist nüchtern, keusch, ohne persönliche Begierde, tugendhaft; aber er war kein Christ, also hat man ihn lange als ein Ungeheuer betrachtet.
Dictionnaire philosophique, 1767

*Jacob Burckhardt*
Besäßen wir nur [...] die Schilderung eines besonnenen Heiden wie Ammianus, und der Mensch Constantin wäre vielleicht, wenn nicht moralisch gerettet, doch als große historische Erscheinung uns unendlich näher gerückt! Dann würde man vielleicht klar sehen, was sich jetzt nur vermuten läßt, daß nämlich Constantin sich fast zeitlebens nicht als Christ ausgab und gebärdete, sondern sich bis in die allerletzten Zeiten ziemlich unverhohlen die persönliche Überzeugung frei behielt [...]. Damit fiele vor allem jene abscheuliche Heuchelei weg, die dessen Züge ent-

stellt, und es bliebe statt dessen ein politischer Rechner übrig, der alle vorhandenen physischen Kräfte und geistigen Mächte mit Besonnenheit zu dem einen Zwecke benützt, sich und seine Herrschaft zu behaupten, ohne sich irgendwo ganz hinzugeben. Einen erhebenden Anblick gewährt ein solcher Egoist auch nicht, allein die Geschichte hat sattsame Gelegenheit, sich an dergleichen Charaktere zu gewöhnen. Überdies kann man sich bei einiger Billigkeit überzeugen, daß Constantin gleich von seinem ersten politischen Auftreten an konsequent nach demjenigen Prinzip handelte, welches der energische Ehrgeiz, solange die Welt steht, «Notwendigkeit» genannt hat. Es hat jene wundersame Verkettung von Taten und Schicksalen, in welche der höher begabte Ehrgeizige wie von einer dunklen Macht hineingezogen wird. Vergebens ruft das Rechtsgefühl ihm seinen Protest entgegen, vergebens steigen Millionen Gebete der Unterdrückten zur Nemesis empor; – der große Mensch vollzieht, oft ohne Wissen, höhere Beschlüsse, und ein Weltalter drückt sich in seiner Person aus, während er selber seine Zeit zu beherrschen und zu bestimmen glaubt.

Die Zeit Constantins des Großen, 1880

*Theodor Mommsen*
Constantins Charakter zu schildern, ist eine schwere und unerfreuliche Aufgabe. Diocletian bleibt, wenn man ihn noch so genau, noch so kritisch betrachtet, eine großartige, sympathische Person, die Ungeheures geschaffen hat, durch bewußte Geistestat, nicht durch Zufall. Constantin verhält sich zu ihm höchstens wie Augustus zu Caesar; alle genetischen Gedanken sind Diocletians, und das diocletianische, nicht das constantinische müßte das Zeitalter heißen. Aber die Geschichte ist ungerecht, und erst wenn die Erfolge handgreiflich vor aller Augen liegen, dann merken es die Leute und jubeln dem zu, den sie dann gerade am Ruder sehen. Constantin hatte dagegen auch das [sic] Unglück, einesteils mit der unerträglichen christlichen Lobrednerschmeichelei, die von Heuchelei und Falschheit trieft, und gerade das, was in seiner Stellung groß war, nicht erscheinen läßt, und anderenteils mit der haßerfüllten julianischen, in das entgegengesetzte Extrem fallenden Übermalung, die seine Züge unkenntlich macht. Aber was man erkennt, ist unerfreulich.

Vorlesungsnachschrift von Sebastian Hensel, 1885/1886

*Otto Seeck*
Was den Charakter dieses merkwürdigen Mannes vor allem auszeichnete, war ein tiefgewurzeltes Pflichtgefühl und ein religiöses Empfinden, das freilich die Farbe seiner Zeit und seines rohen Standes an sich trug, darum aber nicht minder ernst und fromm war. Gleich den meisten großen Kriegshelden vertraute Constantin blindlings seinem Glücke; wie aber fast alle Menschen seiner Epoche von der Götterfurcht in einer oder der anderen Form beherrscht wurden, so hüllte sich auch sein Fatalismus in ein religiöses Gewand. Nach einigem Tasten und Schwanken entwickelte sich in ihm die Überzeugung, daß er das erwählte Rüstzeug des höchsten Gottes sei, berufen dessen Feinde auszutilgen und sein Reich auf Erden zu verbreiten [...]. Durch Träume und Visionen, die seine leicht erregten Nerven ihm vorspiegelten, meinte er in persönlichem Verkehr mit seinem hohen Schutzherrn zu stehen.

Geschichte des Untergangs der antiken Welt, 1921

*Eduard Schwartz*
Die Welt wird umgestaltet nur durch den irrationellen Glauben des Individuum. Nicht als ob, wie das große Publikum es sich meist vorstellt, Constantin zuerst gewissermaßen privatim Christ geworden wäre – in Wahrheit ging er ja mit der Kirche nur ein möglichst loses Verhältnis ein – und dann seine Taten vollbracht hätte, wie ein gottesfürchtiger Ritter des Mittelalters. Wann und wie auch immer der Glaube für ihn die lebendige Triebkraft geworden ist, er galt von vornherein dem von der Kirche, einer sichtbaren Wirklichkeit, verkündeten Gott, dessen von der Kirche erbetener und durch sie erlangter Schutz dem Imperium, d. h. dem Kaiser, Sieg und Dauer verbürgte. Die göttliche Mission, deren Constantin felsensicher war, steckte ihm kein doppeltes Ziel, die Weltherrschaft auf der einen und die persönliche Frömmigkeit auf der anderen Seite: sie machte ihn im Gegenteil stark genug, die zwei stärksten Potenzen der Zeit aus feindlich entgegengesetzten Mächten zu einer Einheit zusammenzuschmelzen, und damit dem Strom des Weltgeschehens ein neues Bett zu öffnen.
Kaiser Constantin und die christliche Kirche, 1936

*André Piganiol*
Er hätte wie Mark Aurel gegen den Feind an der Donau marschieren müssen, statt davon zu träumen, er sei ein Apostel. Aber seine Religionspolitik, mag sie auch an sich problematisch sein, ist doch den kleinlichen und bösartigen Auffassungen eines Athanasius überlegen. Die ganze Entwicklung des Heidentums lief darauf hinaus, den Kult des Höchsten, des großen Gotts Platons wahrzunehmen. Konstantin glaubte im Christentum den höchsten Ausdruck dieses Kults zu finden, der geeignet war, sogar die Zustimmung der Philosophen zu gewinnen. Das Reich war durch die dumpfe Teilnahmslosigkeit der christlichen Massen untergraben. Das Christentum auf den Thron zu heben, war ein Geniestreich, und es ist nicht die Schuld Konstantins, wenn das Christentum sich weigerte, ernsthaft seine Sache mit der des römischen Vaterlands zu verbinden.

Wenn man ihn vom Standpunkt Roms aus beurteilt, ist seine Bilanz sehr negativ. Er hat auf den großen Domänen die entstehende Einrichtung der Leibeigenschaft bestärkt. Er hat die Bücher der Philosophen verbrannt. Er hat germanische Generäle zu den höchsten Ehren des Staats berufen. Wenn man ihn vom Standpunkt des Mittelalters aus beurteilt, muß man erkennen, daß er uns das erste Bild eines mittelalterlichen Herrschers bietet, der mit zum Himmel erhobenen Augen lebt. Es bleibt der Eindruck zurück, daß er Rom verraten hat.
L'Empire chrétien, 1947

*Ernst Kornemann*
Als Staatsmann ist er zur Übernahme des christlichen Glaubens gekommen. Aber das Neue, was religiös ihm damit entgegentrat, hat auch den Menschen erfaßt und stark gemodelt, obwohl er ohne wirkliche religiöse Tiefe war. Immerhin wurde Wahrhaftigkeit von hier aus das Ziel seines Lebens, wie er – darin noch einmal ein echter Römer – von Jugend auf im Staate nach Gerechtigkeit gestrebt hat, zum Schlusse, man möchte sagen, mit einem wahren Fanatismus. Denn es gibt nichts Grausameres als das byzantinische, stark nach dem assyrisch-persischen Vorbild gestaltete Strafrecht. Konstantins persönlicher Anteil daran verrät eine starke Primitivität und allzu große Leidenschaftlichkeit des Denkens und Handelns, wie sie beim Richten fernzubleiben hat.

Eine neue Welt zog mit ihm herauf, in welcher das Niveau menschlichen religiösen Daseins gegen früher tief gesunken ist. Die Vielgläubigkeit des vorhergehenden Jahrhunderts wurde über schwere Widerstände hinweg zur Eingläubigkeit und zur Uniformität gewandelt [...]. Der Zwangsstaat siegte schließlich auch über die Seelen und Gewissen der Menschen.

Römische Geschichte, 1959

*Timothy D. Barnes*
Konstantin [...] war weder ein Heiliger noch ein Tyrann. Er war humaner als einige seiner unmittelbaren Vorgänger, aber immer noch zur Grausamkeit fähig und irrationaler Wut unterworfen. Als Administrator bemühte er sich eher, das imperiale System, das er geerbt hatte, zu erhalten und zu modifizieren, als es radikal zu ändern – ausgenommen in einem Bereich. Seit den Tagen seiner Jugend war Konstantin vermutlich dem Christentum gegenüber freundlich eingestellt, und 312 erfuhr er eine religiöse Bekehrung, welche sein Selbstverständnis tief berührte. Nach 312 glaubte Konstantin, daß es seine Hauptaufgabe als Kaiser war, seinen Untertanen Tugend zu lehren und sie zu überzeugen, Gott zu verehren.

Constantine and Eusebius, 1981

*Karl Christ*
Wer im Trümmerfeld der Tetrarchie Diokletians und inmitten der rasch wechselnden politischen und militärischen Konstellationen nicht nur überleben, sondern dazu noch eine Alleinherrschaft über das Imperium erringen wollte, der konnte dies nur unter Verzicht auf voreilige prinzipielle Entscheidungen, nur unter voller Anerkennung aller Realitäten und unter sorgfältigster Stilisierung der eigenen Herrschaft wie der eigenen Ziele erreichen. Bei Konstantin stehen so neben geduldigem und behutsamem Vorgehen impulsive und härteste Reaktionen, neben der brutalen Tötung von gefangenen fränkischen Anführern, den Verwandtenmorden und der Hinrichtung politischer Gegner, Ansätze zu einer betont humanitären Gesetzgebung, neben emotionalen Kraftworten inmitten einer korrumpierten Welt des Mißtrauens salbungsvolle Begründungen der Verketzerung von Christen.

Eine menschlich imponierende oder charakterlich überzeugende Gestalt ist Konstantin ebensowenig gewesen wie andere römische Kaiser oder erfolgreiche moderne Politiker. Aber seine Entscheidungen wurden nicht nur für die Geschichte der Spätantike, sondern auch für diejenige des mittelalterlichen Europa und des Byzantinischen Reichs grundlegend.

Geschichte der römischen Kaiserzeit, 1988

# Bibliographie

## 1. Quellen

a) Quellensammlungen und Selbstzeugnisse

Heikel, Ivar A. (Hg.): Constantins Rede an die heilige Versammlung. In: Ders.: Eusebius Werke I. Leipzig 1902, S. 154–192
Keil, Volkmar (Hg.): Quellensammlung zur Religionspolitik Konstantins des Großen. Darmstadt ²1995.
Maier, Jean Louis (Hg.): Le dossier du Donatisme. Tome I. Des Origines à la mort de Constance II. Berlin 1987
Opitz, Hans Georg (Hg.): Urkunden zur Geschichte des arianischen Streites, 318–328. In: Athanasius Werke III. 1. Berlin, Leipzig 1934

b) Literarische und juristische Quellen, Übersetzungen

Ammianus Marcellinus: Wolfgang Seyfarth (Hg.): Römische Geschichte. Lateinisch und deutsch und mit einem Kommentar versehen. Bde. I–IV. Berlin 1968–1971 (mehrere Neuauflagen und Nachdrucke)
Anonyme Vita Konstantins (BHG³ 364): Michelangelo Guidi (Hg.): Un Bios di Costantino. In: Rendiconti della Reale Accademia dei Lincei. Ser. V, Nr. 16 (1907), S. 304–340 und 637–60.
– F. Beetham (Übers.): The anonymous «Life of Constantine». In: Samuel N. C. Lieu – Dominic Montserrat (Hg.): From Constantine to Julian: Pagan and Byzantine Views. A Source History. London, New York 1996, S. 106 bis 142
Anonyme Vita Konstantins (BHG³ 365): Hans Georg Opitz (Hg.): Die Vita Constantini des codex Angelicus 22. In: Byzantion 9, 1934, S. 535–593
Anonymus Valesianus: Jacques Moreau (Hg.): Excerpta Valesiana. 2. Auflage bes. v. Velizar Velkov. Leipzig 1968
– Ingemar König (Hg.): Origo Constantini. Anonymus Valesianus. Teil I. Text und Kommentar. Trier 1987
Athanasius: Hans Georg Opitz (Hg.): Athanasius Werke II. 1. Die Apologien. Berlin, Leipzig 1935–1941
Aurelius Victor: Franz Pichlmayr (Hg.): Sexti Aurelii Victoris liber de Caesaribus. 2. Auflage bes. von R. Gründel. Leipzig 1970
Chronicon Paschale: Ludwig Dindorf (Hg.): Chronicon Paschale. Vol. I. Bonn 1832

- Michael Whitby, Mary Whitby (Hg.): Chronicon Paschale. 284–628. Translated with notes and introduction. Liverpool 1989
Chronograph von 354: Theodor Mommsen (Hg.): Chronica Minora saec. IV.V.VI.VII. Vol. I. Berlin 1892, S. 12–196
Codex Justinianus: Paul Krüger: Corpus Iuris Civilis. Vol. II. Codex Iustinianus. 11. Auflage bes. von Wolfgang Kunkel. Berlin 1954
Codex Theodosianus: Theodor Mommsen (Hg.): Codex Theodosianus. Vol. I. Theodosiani Libri XVI cum constitutionibus Sirmondinis adsumpto apparatu P. Kruegeri. Berlin 1905
Consularia Constantinopolitana: R. Burgess (Hg.): The Fasti Hydatiani and the Consularia Constantinopolitana. Oxford 1993
Epitome de Caesaribus: Franz Pichlmayr (Hg.): Sexti Aurelii Victoris liber de Caesaribus. 2. Auflage bes. von R. Gründel. Leipzig 1970, S. 133–176
Eunap: R. C. Blockley (Hg.): The Fragmentary Classicising Historians of the Later Roman Empire. Eunapius, Olympiodorus, Priscus and Malchus II. Text, Translation and Historiographical Notes. Liverpool 1983
Euseb: Gustave Bardy (Hg.): Eusèbe de Césarée. Histoire ecclésiastique. Texte grec, trad. et ann. Vol. I–IV. Paris 1952–1960
- Heinrich Kraft (Hg.): Eusebius von Caesarea. Kirchengeschichte. Übersetzung von Philipp Haeuser. Durchgesehen von Hans Armin Gärtner. Darmstadt ³1989
- Ivar A. Heikel (Hg.): Eusebius Werke I. Über das Leben Constantins. Constantins Rede an die Heilige Versammlung. Tricennatsrede an Constantin. Leipzig 1902
- Friedhelm Winkelmann (Hg.): Eusebius Werke I. 1. Über das Leben des Kaisers Konstantin. Berlin ²1989
- Johannes Maria Pfättisch: Des Eusebius Pamphili vier Bücher über das Leben des Kaisers Konstantin und des Kaisers Konstantin Rede an die Versammlung der Heiligen. Kempten und München 1913
- H. A. Drake: In Praise of Constantine. A historical study and new translation of Eusebius' Tricennial Orations. Berkeley 1976
Eutrop: Franz Ruehl (Hg.): Eutropii breviarium historiae Romanae. Leipzig 1919
Hieronymus: Rudolf Helm (Hg.): Eusebius Werke VII. Die Chronik des Hieronymus. Berlin ²1956
Jordanes: Francesco Giunta-Antonino Grillone (Hg.): Iordanis De origine actibusque Getarum. Rom 1991
Julian: Joseph Bidez, Christian Lacombrade, Gabriel Rochefort (Hg.): L'Empereur Julien. Œuvres complétes. Vol. I–II (in zwei Halbbänden). Paris 1932–1964
Laktanz: Jacques Moreau: Lactance. De la mort des persécuteurs. I. Introduction, texte critique et traduction. II. Commentaire. Paris 1954
- J. L. Creed (Hg.): Lactantius. De mortibus persecutorum. Edited and translated. Oxford 1984
Leon Grammatikos: Immanuel Bekker (Hg.): Leonis Grammatici Chronographia. Bonn 1842
Libanios: Richard Foerster (Hg.): Libanii opera. Vol. I–XII. Leipzig 1903–1924
Optatianus Porphyrius: Giuseppe Polara (Hg.): Optatianus Porphyrius. Vol. I–II. Turin 1973
Panegyrici Latini: R. A. B. Mynors (Hg.): XII Panegyrici Latini. Oxford 1964
- Edouard Galletier (Hg.): Panégyriques latins. Texte établi et traduit. Vol. I–III. Paris 1949–1955

- Brigitte Müller-Rettig: Der Panegyricus des Jahres 310 n. Chr. auf Konstantin. Stuttgart 1990
Parastaseis Syntomoi Chronikai und Patria Konstantinupoleos: Theodor Preger (Hg.): Scriptores originum Constantinopolitanarum. Leipzig 1901 und 1907
- Averil Cameron, Judith Herrin (Hg.): Constantinople in the Early Eigth Century: The «Parastaseis Syntomoi Chronikai». Introduction, Translation and Commentary. Leiden 1984
Philostorg: Joseph Bidez (Hg.): Philostorgios Kirchengeschichte. Mit dem Leben des Lucian von Antiochien und den Fragmenten eines arianischen Historiographen. Zweite, überarbeitete Auflage besorgt von Friedhelm Winkelmann. Berlin 1972, ³1981
Praxagoras: Felix Jacoby (Hg.): Die Fragmente der griechischen Historiker (FGrHist). Zweiter Teil B. Nr. 219. Leiden 1926
Sokrates: Günther Christian Hansen (Hg.): Sokrates. Kirchengeschichte. Mit Beiträgen von Manja Širinjan. Berlin 1995
Sozomenos: Joseph Bidez (Hg.): Hermias Sozomenus. Kirchengeschichte. Eingeleitet zum Druck besorgt und mit Registern versehen von Günther Christian Hansen. Berlin 1960
- André-Jean Festugière (Übers.): Sozomène. Histoire ecclésiastique. Livres I–II. Introduction par Bernard Grillet, Guy Sabbah. Paris 1983
Zonaras: Theodor Büttner-Wobst (Hg.): Ioannis Zonarae Epitome Historiarum. Libri XIII–XVIII. Bonn 1897
Zosimos: François Paschoud (Hg.): Zosime. Histoire nouvelle. Texte établi et traduit. Vol. I–III (in sechs Halbbänden). Paris 1971–1989

c) Epigraphische, numismatische und archäologische Quellen

Alföldi, Maria R.: Die Constantinische Goldprägung. Untersuchungen zu ihrer Bedeutung für Kaiserpolitik und Hofkunst. Mainz 1963
Bruun, Patrick M.: The Roman Imperial Coinage VII: Constantine and Licinius. A. D. 313–337. London 1966
Calza, Raissa: Iconografia romana imperiale da Carausio a Giuliano (287–363 d. C.). Quaderni e guide di archeologia III. Rom 1972
Delbrück, Richard: Spätantike Kaiserporträts von Constantinus Magnus bis zum Ende des Westreichs. Berlin, Leipzig 1933
Dessau, Hermann: Inscriptiones Latinae Selectae. Vol. I. Berlin 1892
Grünewald, Thomas: Constantinus Maximus Augustus. Herrschaftspropaganda in der zeitgenössischen Überlieferung. Stuttgart 1990, S. 179–263 (Katalog der lateinischen Inschriften Konstantins des Großen)
L'Orange, Hans Peter, Gerkan, Armin von: Der spätantike Bilderschmuck des Konstantinsbogens. Berlin 1939
L'Orange, Hans Peter. Unter Mithilfe von Reingart Unger: Das spätantike Herrscherbild von Diokletian bis zu den Konstantin-Söhnen 284–361 n. Chr. Berlin 1984
Maurice, Jules: Numismatique Constantinienne. Vol. I–III. Paris 1908–1912
Sutherland, C. H. V.: The Roman Imperial Coinage VI: From Diocletian's reform (A. D. 294) to the death of Maximius (A. D. 313). London 1967

## 2. Gesamtdarstellungen

a) Allgemeine Darstellungen der spätantiken Geschichte

Brown, Peter: Welten im Aufbruch. Die Zeit der Spätantike von Mark Aurel bis Mohammed. Bergisch Gladbach 1980
Cameron, Averil: Das späte Rom. 284–430 n. Chr. München 1994
Carandini, Andrea, Cracco Ruggini, Lellia, Giardina Andrea (Hg.): Storia di Roma. Vol. III. L'età tardoantica. I: Crisi e trasformazioni. Turin 1993
Demandt, Alexander: Die Spätantike. Römische Geschichte von Diocletian bis Justinian. 284–565 n. Chr. München 1989
Martin, Jochen: Spätantike und Völkerwanderung. München ³1995
Piganiol, André: L'Empire chrétien (325–395). 2. Auflage bes. von André Chastagnol. Paris 1972
Stein, Ernst: Geschichte des spätrömischen Reiches I. Wien 1928
Seeck, Otto: Geschichte des Untergangs der antiken Welt. Stuttgart 1920–1922 (in verschiedenen Auflagen)

b) Gesamtdarstellungen der Regierung Konstantins

Barnes, Timothy D.: Constantine and Eusebius. Cambridge Mass. 1981
–: The New Empire of Diocletian and Constantine. Cambridge Mass. 1982
Bonamente, Giorgio, Fusco, Franca (Hg.): Costantino il Grande dall'antichità all'umanesimo. Colloquio sul Christianesimo nel mondo antico. Macerata 1990. Vol. I–II. Macerata 1992–1993
Burckhardt, Jacob: Die Zeit Constantins des Großen. Mit einem Nachwort von Karl Christ. München 1982
Christ, Karl: Geschichte der römischen Kaiserzeit von Augustus bis zu Konstantin. München 1988, S. 730–781
Hönn, Karl: Konstantin der Große, Leben einer Zeitenwende. Leipzig 1940
MacMullen, Ramsay: Constantine. London ²1987
Piganiol, André: L'empereur Constantin. Paris 1932
Vogt, Joseph: Art.: «Constantinus der Große». In: Reallexikon für Antike und Christentum 3 (1957), Sp. 306–379
–: Constantin der Große und sein Jahrhundert. München ²1960

## 3. Einzelaspekte

a) Die Tetrarchie und der Kampf Konstantins um die Alleinherrschaft

Castritius, Helmut: Studien zu Maximinus Daia. Kallmünz 1969
Chantraine, Heinrich: Die Erhebung des Licinius zum Augustus. In: Hermes 110 (1982), S. 477–487
Cullhed, Mats: Conservator urbis suae. Studies in the politics and propaganda of the emperor Maxentius. Stockholm 1994
De Decker, Daniel: La politique religieuse de Maxence. In: Byzantion 38 (1968), S. 472–562

Grünewald, Thomas: Constantinus Maximus Augustus. Herrschaftspropaganda in der zeitgenössischen Überlieferung. Stuttgart 1990
Habicht, Christian: Zur Geschichte des Kaisers Konstantin. In: Hermes 86 (1958), S. 360–378
Kolb, Frank: L'ideologia tetrarchica e la politica religiosa di Diocleziano. In: Giorgio Bonamente, Aldo Nestori (Hg.): I Christiani e l'Impero nel IV secolo. Macerata 1988, S. 17–44
–: Diocletian und die Erste Tetrarchie. Improvisation oder Experiment in der Organisation monarchischer Herrschaft. Berlin, New York 1987
Kuhoff, Wolfgang: Ein Mythos in der römischen Geschichte: Der Sieg Konstantins des Großen über Maxentius vor den Toren Roms am 28. Oktober 312 n. Chr. In: Chiron 21 (1991), S. 127–174
Schwarte, Karl Heinz: Diokletians Christengesetz. In: Rosmarie Günther, Stefan Rebenich (Hg.): E fontibus haurire. Beiträge zur römischen Geschichte und zu ihren Hilfswissenschaften. Paderborn 1994, S. 203–240
Seston, William: Dioclétien et la Tétrarchie I: Guerres et réformes. Paris 1946
Straub, Johannes: Vom Herrscherideal in der Spätantike. Stuttgart ²1964


b) Konstantinische Frage, Religionspolitik

Alföldi, Andreas: The Conversion of Constantine and Pagan Rome. Oxford ²1969
Barnes, Timothy D.: Athanasius and Constantius. Theology and Politics in the Constantinian Empire. Cambridge Mass., London 1993
Baynes, Norman: Constantine the Great and the Christian Church. 2. Auflage bes. von H. Chadwick. Oxford 1972
Bleicken, Jochen: Constantin der Große und die Christen. Überlegungen zur konstantinischen Wende. München 1992
Bringmann, Klaus: Die konstantinische Wende. Zum Verhältnis von politischer und religiöser Motivation. In: Historische Zeitschrift 260 (1995), S. 21–47
Dörries, Hermann: Das Selbstzeugnis Kaiser Konstantins. Göttingen 1954
Girardet, Klaus Maria: Kaisergericht und Bischofsgericht. Studien zu den Anfängen des Donatistenstreits (313–315) und zum Prozeß des Athanasius von Alexandrien (328–346). Bonn 1975
–: Das christliche Priestertum Konstantins des Großen. Ein Aspekt der Herrscheridee des Eusebius von Caesarea. In: Chiron 10 (1980), 569–592
–: Der Vorsitzende des Konzils von Nicaea (325) – Kaiser Konstantin der Große. In: Karlheinz Dietz, Dieter Hennig, Hans Kaletsch (Hg.): Klassisches Altertum, Spätantike und frühes Christentum. Würzburg 1993, S. 331–360
Grégoire, Henri: La «conversion» de Constantin. In: Revue de l'Université de Bruxelles 36 (1930–31), S. 231–272 (deutsche Übersetzung in: Kraft: Konstantin der Große, S. 175–223)
Heim, François: La théologie de la victoire de Constantin à Théodose. Paris 1992
Kraft, Heinrich: Kaiser Konstantins religiöse Entwicklung. Tübingen 1955
– (Hg.): Konstantin der Große. Darmstadt 1974
Lane Fox, Robin: Pagans and Christians. Harmondsworth, London 1986
Leeb, Rudolf: Konstantin und Christus. Die Verchristlichung der imperialen Repräsentation unter Konstantin dem Großen als Spiegel seiner Kirchenpolitik und seines Selbstverständnisses als christlicher Kaiser. Berlin 1992

Lietzmann, Hans: Geschichte der alten Kirche. 3. Die Reichskirche bis zum Tode Julians. Berlin ²1953

Lippold, Adolf: Bischof Ossius von Cordova und Konstantin der Große. In: Zeitschrift für Kirchengeschichte 92 (1981), S. 1–15

Scholz, Sebastian: Die Rolle der Bischöfe auf den Synoden von Rom (313) und Arles (314). In: Hanna Vollrath, Stephan Weinfurter (Hg.): Köln. Stadt und Bistum in Kirche und Reich des Mittelalters. Köln, Weimar, Wien 1993, S. 1–21

Schwartz, Eduard: Kaiser Constantin und die christliche Kirche. Leipzig ²1936

Seeliger, Hans Reinhard: Die Verwendung des Christogramms durch Konstantin im Jahre 312. In: Zeitschrift für Kirchengeschichte 100 (1989), S. 149–168

Straub, Johannes: Konstantins Verzicht auf den Gang zum Kapitol (1955). In: Ders.: Regeneratio Imperii I. Darmstadt 1972, S. 100–118

Weiss, Peter: Die Vision Constantins. In: Jochen Bleicken (Hg.): Colloquium aus Anlaß des 80. Geburtstages von Alfred Heuss. Kallmünz 1993, S. 143–169

d) Dynastie und Nachfolgeordnung

Arnaldi, Adelina: Osservazioni sui Cesari di Età Costantiniana. In: Rivista Italiana di numismatica e scienze affini 83 (1981), S. 75–86

Chantraine, Heinrich: Die Nachfolgeordnung Constantins des Großen. Stuttgart 1992

Drijvers, Jan Willem: Helena Augusta. The Mother of Constantine the Great and the Legend of her Finding of the True Cross. Leiden 1992

Klein, Richard: Die Kämpfe um die Nachfolge nach dem Tode Constantins des Großen. In: Byzantinische Forschungen 6 (1979), S. 101–150

Moreau, Jacques: Art.: «Constantius I., Constantinus II., Constantius II., Constans». In: Jahrbuch für Antike und Christentum 2 (1959), S. 158–184

Pohlsander, Hans A.: Crispus: Brilliant Career and Tragic End. In: Historia 33 (1984), S. 79–106

–: Constantia. In: Ancient Society 24 (1993), S. 151–167

Vittinghoff, Friedrich: Staat, Kirche und Dynastie beim Tode Konstantins. In: Olivier Reverdin, Bernard Grange (Hg.): L'Eglise et l'Empire au IVe siècle. Genf 1989, S. 1–39

e) Konstantinopel

Chantraine, Heinrich: Konstantinopel – vom Zweiten Rom zum Neuen Rom. In: Geschichte in Wissenschaft und Unterricht 43 (1992), S. 3–15

Dagron, Gilbert: Naissance d'une capitale. Constantinople et ses institutions de 330 à 451. Paris ²1984

Krautheimer, Richard: Three Christian Capitals. Topography and Politics. Berkeley, Los Angeles 1983

Mango, Cyril: Le développement urbain de Constantinople (IVe–VIIe siécles). Paris 1985

Müller-Wiener, Wolfgang: Bildlexikon zur Topographie Istanbuls. Byzantion – Konstantinupolis – Istanbul bis zum Beginn des 17. Jahrhunderts. Tübingen 1977

## f) Außenpolitik

Barceló, Pedro: Roms auswärtige Beziehungen unter der constantinischen Dynastie (396–363). Regensburg 1981

Bleckmann, Bruno: Constantin und die Donaubarbaren. Ideologische Auseinandersetzungen um die Sieghaftigkeit Constantins. In: Jahrbuch für Antike und Christentum 38 (1995), S. 38–66

Dodgeon, Michael, Lieu, Samuel: The Roman Eastern Frontier and the Persian Wars. AD 226–363. A Documentary History. London, New York 1991

Patsch, Carl: Beiträge zur Völkerkunde von Südosteuropa. III. Die Völkerbewegung an der unteren Donau in der Zeit von Diokletian bis Heraklius. 1. Teil: Bis zur Abwanderung der Goten und Taifalen aus Transdanuvien. Akademie der Wissenschaften in Wien, Phil.-hist. Klasse 298, 2. Wien, Leipzig 1928

Stallknecht, Bernhard: Untersuchungen zur römischen Außenpolitik in der Spätantike. Diss. Bonn 1969

Wirth, Gerhard: Arsakes, Constantius und Rom. Spekulationen zu einem Nebenschauplatz der Geschichte im 4. Jahrhundert. In: Karlheinz Dietz, Dieter Hennig, Hans Kaletsch (Hg.): Klassisches Altertum, Spätantike und frühes Christentum. Würzburg 1993, S. 331–360

Wolfram, Herwig: Geschichte der Goten. Von den Anfängen bis zur Mitte des sechsten Jahrhunderts. Entwurf einer historischen Ethnographie. München ³1990

## h) Nachleben

Ewig, Eugen: Das Bild Constantins des Großen in den ersten Jahrhunderten des abendländischen Mittelalters. In: Historisches Jahrbuch 75 (1956), S. 1–46

Grünewald, Thomas: «Constantinus Novus»: Zum Constantin-Bild des Mittelalters. In: Giorgio Bonamente, Franca Fusco (Hg.): Costantino il Grande dall'antichità all'umanesimo. Bd. I. Macerata 1992, S. 461–485

Kaegi, Werner: Vom Nachleben Constantins. In: Schweizerische Zeitschrift für Geschichte N. F. 8 (1958), S. 289–326

Kazhdan, Alexander: «Constantin imaginaire». Byzantine legend of the ninth century about Constantine The Great. In: Byzantion 57 (1987), S. 196–250

Neri, Valerio: Medius princeps. Storia e immagine di Constantino nella storiografia latina pagana. Bologna 1992

Vogt, Joseph: Kaiser Julian über seinen Oheim Constantin d. Gr. In: Historia 4 (1955), S. 339–352

Winkelmann, Friedhelm: Konstantins Religionspolitik und ihre Motive im Urteil der literarischen Quellen des 4. und 5. Jahrhunderts. In: Acta Antiqua 9 (1961), S. 239–256

# Namenregister

*Die kursiv gesetzten Zahlen bezeichnen die Abbildungen*

Achilleus 30
Aemilian, Kaiser 25
Aeneas 109
Alexander der Große 110
Alexander von Alexandrien 75, 101, 106
Allectus 29
Amandus 85
Ambrosius, Bischof 16
Ammianus Marcellinus 14, 33, 112
Anastasia, Halbschwester 17, 70, 79
Anonymus Valesianus 16, 20
Anullinus 73
Aper 27
Arcadius, Kaiser 58
Arius 75, 100 f., 104–107, 128
Ascaric 124
Asklepiodotus 29
Athanasius, Bischof 17, 101, 106 f.
Augustus, Kaiser 117
Aurelian, Kaiser 28, 45
Aurelius Victor 41, 56, 84

Basilina 17, 128
Bassianus 17, 79 f.
Bonitus 15
Burckhardt, Jacob 18

Caecilianus 72–75
Calocaerus 119
Carausius 29
Carinus 26 f.
Carus 26 f.
Cassiodor 10

Ceionius Rufius Volusianus 69
Chrestus von Syrakus 74, 76
Chrocus 15
Claudius Gothicus 48, *49*
Constans, Sohn 17, 119, 132
Constantia, Halbschwester 17, 51, 76, 80, 82, 88, 90, 97
Constantina, Tochter 17 f., 111, 127
Constantinus, Sohn 17, 82, 91, 119, 125, 131 f., *91, 119*
Constantius Chlorus, Kaiser u. Vater 16 ff., 28 f., 38, 40–43, 45 f., 63, 65, 70 f., 110, 113, 122, *30, 40, 42*
Constantius, Sohn 14 f., 17, 91, 95, 110, 117, 119, 127, 130, 132
Crispus, Sohn 17, 82, 85, 90 f., 93 ff., 110, *91, 94*

Dalmatius, Halbbruder 17
Dalmatius, Neffe 119, 127, 132
Dante 10
Decius, Kaiser 23, 98
Diokletian 12, 20, 22, 27–31, 33–41, 43, 46 f., 67, 69–72, 77 f., 83, 89, 95, 98, 108, 113, 118, 125, 131, 133, *27, 28, 29, 40*
Dionysios von Alexandria 101
Domitius Alexander 47, 53 f., 69
Domitius Domitianus 30
Donatus 72–76, 104

Epiphanius 10
Erizzo 125
Eunap von Sardes 11 f.
Euphratas 16

Euseb von Caesarea 7, 9, 12 f., 18, 22, 59–66, 70, 79, 94, 104 f., 117, 129 f.
Euseb von Nicomedia 10, 17, 105, 107, 128, 130
Eusebius 16
Eustathius 105
Eutrop 11, 90
Eutropia, Halbschwester 17

Fausta, zweite Frau 17 f., 45, 93 ff., 115, *91, 95*
Felix von Apthugni, Bischof 72, 74
Flavius Ablabius 122
Flavius Constantinus 68
Florian, Kaiser 25

Gagliardi, Filippo 116
Galeria Valeria 47, 77
Galerius, Kaiser 18 ff., 28 f., 33, 35, 37 f., 40–47, 49–53, 58, 76 f., 113, 125, *36, 40, 50*
Gallienus 25 f., *26*
Gallus Caesar 122, 132
Gibbon, Edward 12
Godrian III., Kaiser 23
Grammatikos, Leon 33
Gratian, Kaiser 11, 110
Grégoire, Henri 64
Gregorius 75

Hadrian, Kaiser 117
Hannibalianus, Halbbruder 17
Hannibalianus, Neffe 127, 132
Helena, Mutter 9 f., 16 f., 93, *9, 16, 91*
Helena, Tochter 18
Helena, Schwiegertochter 91, 93
Hieronymus 10, 111
Honorius 46
Hormizd 126

Jamblichos 100
Johannes Archaph 107
Julian der Abtrünnige, Kaiser 7, 11, 17, 132 f.
Julius Constantius, Halbbruder 17, 128, 132

Laktanz 13, 18, 30, 35, 42, 49, 52, 58 f., 62–65, 70, 113

Leunclavius, Johannes 12
Licinianus Licinius 80, 82, 90
Licinius, Kaiser 7, 14 f., 17, 19 f., 22, 47, 50–53, 62 ff., 75–83, 85–88, 90 f., 94 f., 97 f., 100, 104 f., 110, 112, 115, 122 f., 125 f., *47*
Lorenzo Valla 10
Lukian von Antiochia 16, 101, 128

Magnentius 132 f.
Maiorinus, Bischof 72
Mamertinus 19
el-Manquoura, Khan 31
Marinus von Arles 73
Markus, Kaiser 117
Martinianus 85
Maternus 73
Maxentius 15, 22, 40 f., 43–48, 51–58, 61, 66–71, 78, 80, 111, 115, 124, *44, 52*
Maximian, Kaiser 17, 27 ff., 34, 38, 40 f., 42–48, 52, 54, 64, 70, 90, 95, 113, *28, 29, 40*
Maximinus Daia 18 f., 22, 41, 47, 50 ff., 76–79, 83, 97, 100, *40*
Mensurius, Bischof 72
Merogais 124
Mestrianus 81
Miltiades, Bischof 73 f.
Minervina, erste Frau 17, 45, 94

Narseh 126
Nazarius 65, 67 f.
Nero 92
Nicagoras 100
Numerianus 26 f.

Octavian-Augustus 110
Olympias 122
Optatianus Porphyrius 20, 100
Optatus 20
Origenes 101
Ossius von Córdoba, Bischof 70, 101, 104
Otto von Freising 10
Ovinius Gallicanus 69

Paulinus von Tyrus 105
Petronius Annianus 69

Philipp II. von Makedonien 110
Philippus Arabs 23
Philostorg 8, 15, 17, 93, 111, 130
Photios 8, 12
Pistus 107
Pius V. 12
Praxagoras 21
Probus, Kaiser 28

Rausimod, König 86
Reticius, Bischof 73
Rhodios, Johannes 8
Riccio, Andrea 8
Ruricius Pompeianus 53

Saloninus 26
Schapur I. 23
Schapur II. 102, 126
Secundus von Ptolemais 105
Secundus von Tigisi, Bischof 72
Senecio 80
Serapion 107
Septimus Severus 117
Severus, Kaiser 19, 41–45, 52, 54, 58, *40*
Silvester, Bischof 129
Simplicinius Genialis 24
Sirleto 12
Sokrates 10
Sopatros 100
Sossianus Hierocles 100

Soterichos 19
Sozomenos 10
Silvester, Papst 10, *6*

Theodora 17, 29, 70, 93, 95
Theodoret 10
Theodoros Anagnostes 10
Theodosius I. 11
Theognis von Nicaea 105
Theonas von Marmarica 105
Tillemont, Lenain de 12
Trajan, Kaiser 110, 117, 125

Ursus 73

Valens, Kaiser 11, 81 f.
Valentinian I. 11
Valeria 28
Valerian, Kaiser 23, 25 f., 98, *23*
Valerianus 26
Valerius Proculus 90
Vetranio 14
Virius Nepotianus 17
Voltaire 12

Walther von der Vogelweide 10

Xerxes, König von Persien 111

Zonaras 65
Zosimos 12, 112

# Über den Autor

Bruno Bleckmann, geb. 1962. Studium in Würzburg, Münster und Köln, promovierte 1991 in Alter Geschichte mit einer quellenkritischen Arbeit zu Johannes Zonaras. 1991 wissenschaftlicher Mitarbeiter an der Universität Köln, seit 1993 wissenschaftlicher Assistent an der Universität Göttingen. Mehrere Publikationen zur spätantiken Geschichte und Geschichtsschreibung.

# Quellennachweis der Abbildungen

Staatliche Münzsammlung, München: 2, 16, 61, 63, 64, 65, 80, 83(2), 94(2), 119
Archiv für Kunst und Geschichte, Berlin: 6
Mit Genehmigung des Ministero per i Beni Culturali e Ambientali
Keskin Color, Göreme: 9
Germanisches Nationalmuseum, Nürnberg: 14
Foto: Prähistorische Staatssammlung München (Manfred Eberlein): 15
Aus: Hans Peter L'Orange: Das spätantike Herrscherbild von Diokletian bis zu den Konstantin-Söhnen. 284–361 n. Chr. Das römische Herrscherbild, Bd. 4. Hg. von Max Wegner. Deutsches Archäologisches Institut Berlin. Berlin 1984: 19(2), 32, 33, 44, 62(2)
Aus: Spätantike und frühes Christentum. Katalog der Ausstellung im Liebighaus, Museum alter Plastik, Frankfurt a. M. Frankfurt a. M. 1983: 21 (Foto © Ursula Edelmann, Frankfurt a. M.)
Bildarchiv Preußischer Kulturbesitz, Berlin: 23, 26, 116
Städtische Kunstsammlungen, Römisches Museum Augsburg: 24
Marianne Bergmann, Göttingen: 27
Hirmer Fotoarchiv, München: 28, 30, 52, 69, 95, 106
Hans Wiegartz, Münster: 29, 36
Aus: David Kennedy, Derrick Riley: Rome's Desert Frontier from the Air. London 1990: 31
Aus: Jahrbuch des Deutschen Archäologischen Instituts 94, 1979: 34
Deutsches Archäologisches Institut Rom: 37, 39(2), 54, 55, 68, 89, 128
Dragoslav Srejović, Belgrad: 40
Ny Carlsberg Glyptotek, Kopenhagen: 42
Süddeutscher Verlag Bilderdienst, München: 46
Aus dem Besitz der Bayerischen Hypotheken- und Wechsel-Bank AG, München: 47 (Foto Prähistorische Staatssammlung München), 87 oben (Foto Bayerisches Nationalmuseum), 87 unten, 123 (Fotos Prähistorische Staatssammlung München)
Universität Göttingen, Archäologisches Institut: 49 (Foto Stephan Eckhardt)
Archiv der Universität, Thessaloniki: 50 (ΑΓΜΕ Neg. 12 H)
Bruno Bleckmann: 51, 81, 112
Scala, Antella/Florenz: 56/57
Wolfgang Kuhoff, Augsburg: 57
Deutsches Archäologisches Institut Istanbul: 59, 60, 114 unten, 118 (Foto G. Berggren)

Römisch-Germanisches Museum, Köln: 72 (Foto Rheinisches Bildarchiv, Köln)
Stadtbibliothek Trier: 91
Bischöfliches Dom- und Diözesanmuseum, Trier: 92
Österreichische Nationalbibliothek, Bildarchiv, Wien: 99
Aus: V.N. Lasarev: The double-faced tablet from the St. Sophia Cathedral in Novgorod. Moskau 1973: 104
Aus: Rafael Hidalgo Prieto, Angel Ventura Villanueva: Sobre la cronologia e interpretacion del palacio de Cercadilla en Corduba. Chiron 24, 1994: 113
Aus: Wolfgang Müller-Wiener: Bildlexikon zur Topographie Istanbuls. Tübingen 1977: 114 oben
Anja Löhmann, Göttingen: 121
Aus: Otto Seeck: Notitia Dignitatum. Berlin 1871: 122
Rheinisches Landesmuseum Trier: 124
Aus: Andreas Alföldi: Zeitschrift für Numismatik XXXVI, 1926 (Tafel XI): 125
Aus: André Grabar: Die Kunst des frühen Christentums. In: Universum der Kunst, Bd. 9, München 1967: 129
Aus: Beat Brenk: Spätantike und frühes Christentum. Propyläen Kunstgeschichte Supplementband. Frankfurt a. M., Berlin, Wien 1985: 131

*Geschichte / Politik*

**rowohlts monographien**
Begründet von Kurt Kusenberg, herausgegeben von Wolfgang Müller und Uwe Naumann.

Eine Auswahl:

**Konrad Adenauer**
dargestellt von Gösta von Uexküll
(234)

**Augustus**
dargestellt von Marion Giebel
(327)

**Otto von Bismarck**
dargestellt von Wilhelm Mommsen
(122)

**Willy Brandt**
dargestellt von Carola Stern
(232)

**Che Guevara**
dargestellt von Elmar May
(207)

**Heinrich VIII.**
dargestellt von Uwe Baumann
(446)

**Adolf Hitler**
dargestellt von Harald Steffahn
(316)

**Iwan IV. der Schreckliche**
dargestellt von Reinhold Neumann-Hoditz
(435)

**Thomas Jefferson**
dargestellt von Peter Nicolaisen
(405)

**Karl der Große**
dargestellt von Wolfgang Braunfels
(187)

**Kemal Atatürk**
dargestellt von Bernd Rill
(346)

**Nelson Mandela**
dargestellt von Albrecht Hagemann
(580)

**Mao Tse-tung**
dargestellt von Tilemann Grimm
(141)

**Claus Schenk Graf von Stauffenberg**
dargestellt von Harald Steffahn
(520)

**Die Weiße Rose**
dargestellt von Harald Steffahn
(498)

*rowohlts monographien*

Ein Gesamtverzeichnis der Reihe *rowohlts monographien* finden Sie in der *Rowohlt Revue*. Jedes Vierteljahr neu. Kostenlos. In Ihrer Buchhandlung.

4504/6